算数授業論究 XVI
算数授業研究 Vol.127

JN080331

論究 関数の考え

表紙解説「自然の概念Ⅶ（Symbol of nature）」八洲学園大学教授　佐々木達行
シリーズ「自然の概念」は企画を延長し，本作「Ⅶ」は「植生と宇宙」である。地球上から遠景に沈む太陽，月，大気等を，近景には植生を象徴的な形として捉えている。地平線には火山が噴煙を吹き出し，海面や湖面も見られる。画面は鳥の目から俯瞰するように斜めに，動的に捉えている。宇宙空間，太陽と月と地球，大地と大気と水，動植物を象徴的，造形性を強調した表現である。

関数の考え　│　夏坂哲志

◆ある問題解決の場面で

　横の長さが24 cm の枠の中に，同じ大きさのいくつかの円が，隣の円の中心を通るように重なって並ぶ模様をかくとする。
（右の図は円が3個の場合）

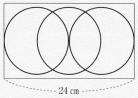

-- 24 cm --

　円が3つの場合，1つの円の半径は6 cm である。図を見れば，真ん中を通る直線上に半径が4つあることがわかるので，24÷4で求められる。

　では，円が7個の場合は，半径を何 cm にすればよいだろうか。求め方はいろいろと考えられるが，その1つとして，次のような考え方ができる。

　円の個数が3個の場合だけではなく，個数を変えていくつか調べてみる。「円が2個の時の半径は24÷3」「円が3個の時は24÷4」「円が4個の時は24÷5」といった具合である。すると，「わる数はいつも円の個数よりも1大きい数になる」ことに気付く。このことから，「円が7個の時の半径は24÷8で求められそうだ」ということになる。

　そこで，今度は，「いつでもわる数は＋1になるといってよいか」「なぜ，そうなるのか」という目で図を見直してみる。すると，例えば次のような解釈ができる。

　円が7個ということは，中心も7つ。つまり，24 cm の直線を7つの点で分けた時，その1つ分が半径となる。1本の直線を7つの点で分けると8本に分かれるので，半径は24÷8＝3（cm）と求めることができる。

　「1本の直線を7つの点で分けるといくつに分かれるか」は，「1本のひもを7か所切ったら何本に分かれるか」と同じ問題だと考えるとわかりやすい。「木が8本あると，間の数は7つ」という，いわゆる植木算の関係がそこにある。

　同じ関係が潜む場面は他にもある。例えば，「紙を3回折ると8つの長方形に分かれる。この紙を開いた時の折り目の数は7本」とか「十角形の1つの頂点から引ける対角線は7本で，それによって8つの三角形に分かれる」などである。構造が同じであることに気付くと世界が広がっていく。

　逆に，もし，こういった変化や対応にきまりが見えてこなければ，円の個数が変わるごとに，1つずつ考えていくことになってしまうだろう。

◆関数の考え

　さて，今回は特集に「関数の考え」を取り上げることにした。

　「関数の考え」について，学習指導要領解

説には，次のように述べられている。

> 事象の変化を捉えて問題解決に生かす資質・能力の中核となるのは，関数の考えである。関数の考えとは，数量や図形について取り扱う際に，それらの変化や対応の規則性に着目して，事象をよりよく理解したり，問題を解決したりすることである。この考えの特徴は，ある数量を調べようとするときに，それと関係のある数量を見いだし，それらの数量との間にある関係を把握して，問題解決に利用するところにある。
>
> 関数の考えによって，伴って変わる二つの数量を見いだし，それらの関係に着目し，変化や対応の特徴や傾向を考察できるようにする。また，<u>関数の考えは，この領域にとどまることなく，全ての領域の内容を理解したり，活用したりする際に用いられる汎用性を有している。</u>従って，関数の考えによって，数量や図形についての内容や方法をよりよく理解したり，それらを活用したりできるようにすることも大切である。
>
> （p.62-63より引用，下線は筆者による）

下線部分に，「この領域」とあるが，これは「変化と関係」領域を指す。

つまり，「関数の考え」は，「変化と関係」領域の「ともなって変わる量」や「比例」「反比例」などの狭い範囲の内容においてのみ働かせるものではなく，全ての領域の問題解決場面において，子どもたちがいつでも発動できるようにスタンバイさせておくべき数学的なアンテナのようなものだと捉えたい。

左のページに紹介した事例も，「図形」領域の問題ではあるが，いくつか調べていくうちに，「円の数」と「半径の数」という2つの数量の関係が，「関数の考え」のアンテナにひっかかる。すると，この事象の見え方が変わってくるのである。そこに価値がある。

「関数の考え」は，従前から重視され，学習指導要領の解説にも何度も登場する言葉であるが，毎日行われる授業の中で，このことがどれだけ意識されているだろうか。

この「関数の考え」の意義をしっかりと捉え直すと共に，低学年から系統的に育てていくためには，どのような場面でどのような指導を心がける必要があるのか，改めて考えるために本特集を組むことにした。

◆ 『教育研究』に掲載された論文の紹介

『教育研究』は，本校が発行している日本で最も歴史ある教育雑誌である。東京教育大学付属小学校時代の昭和47年（1972年）に，この雑誌の8月号で，「関数を截る」を特集している。算数教育の現代化にともなって，集合，関数，確率などの考えを授業に取り入れる研究が盛んに行われていた時期だ。

そこには，大学の研究者や小学校現場の先生方総勢21名が，関数の指導はどうあるべきか，「関数」と「関数概念」の違い等について述べられている。

今回，「関数の考え」を特集するにあたり，『教育研究』の特集「関数を截る」所収の論文をいくつか紹介することとした。

「関数の考え」とは何か，なぜ大切なのか

関数の考えとその指導

福岡教育大学　清水紀宏

1 「関数の考え」の指導≠「関数」の指導

大学2年生の時に，中原忠男先生の講義「数学教育史」を受講した際，小倉金之助（1885～1962）の『数学教育の根本問題』を紹介頂いた。小倉の主張「数学教育の意義は科学的精神の開発にある」「数学教育の核心は函数観念の養成にある」（小倉，1973，p.112）は，興味深く，印象に残るものであった。

算数教育では，いわゆる緑表紙教科書から関数教材が導入された。杉山（2008）は，1900年代や（現代化運動の頃の）1960年代のときの関数指導は，いずれも失敗したという認識を示している。前者の指導ではグラフの技能に，後者の指導では現代的な関数の定義「一意対応」が強調されすぎてしまって，価値あることができなかった旨の説明がなされている（杉山，2008，p.243）。

「関数」と「関数の考え」に関連はあるものの，関数の考えやその指導について正しい認識をもっていないと，歴史に見られるように，関数の内容だけの指導にとどまり，関数の考えの育成が疎かになることにつながりかねない。

2 「関数の考え」の捉え方

中島建三（1981）は，『算数・数学教育と数学的な考え方』の第4章「関数の考えとその創造的な活用」（pp.173-242）において，関数の考えについて詳細な検討を行っている。「関数の考えとは」（pp.178-179）という小節では，文部省の小学校指導書算数篇（昭和53年）にあるものが比較的要を得ているとし，紹介している。その関数の考えの捉え方は，平成29年改訂の学習指導要領の『解説』でも基本的には引き継がれている（文部科学省，2018，p.35）。

「算数科の内容の重要な事項に，身の回りの事象の変化における数量間の関係を把握してそれを問題解決に生かすということがある。これが関数の考えである。（中略）それは次のような過程を経る。

（a）二つの数量や事象の間の依存関係を考察し，ある数量が他のどんな数量と関係付けられるのかを明らかにすること

（b）伴って変わる二つの数量について対応や変化の特徴を明らかにすること

（c）二つの数量の間の関係や変化の特徴を問題解決において利用すること」

例えば，「紙を500枚準備したい」という問題解決を考える。500枚全てを数えるのは面倒なので，比例を活用して能率的にこの問題を処理することを考える。まず，枚数と比例する数量を見出す（a）。このとき，『解説』に「関数の考えのよさは，二つの数量の間の対応関係に気付き，それを用いることによって，複雑な問題場面をより単純な数量関係に

置き換えて考察し，より効率的かつ経済的に作業を行えるという点にある。」(p.35) とあるように，測るのが簡単な数量（ここでは，重さや厚さ）を見出すことが大切である。

また，(c) の過程を豊かなものとしたい。紙の枚数の例では，次のような表を横に見て

枚数（枚）	10	500
重さ（g）	78	x

78×50で500枚の重さを求めて終わるのではなく，表を縦に見て「１枚あたりの重さ」という関係を捉えておけば，求めたい紙が何枚の場合でも，この関係を用いて簡単に処理できるというよさを顕在化したい。

なお，実測を取り入れた授業においては，比例で求めた枚数と，実際の枚数を比較することで，この方法がおおむねうまくいくというよさと特徴を認識させたい。

3 関数の考えの重要性

中島（1981）は，関数の考えを重視するねらいとして，次の３つの観点を挙げている（p.180）。

a) 自然科学的な精神にもとづいて事象を考察する能力・態度の育成と，それにもとづいて概念や法則を創造的に導くことができるようにすること。

b) 算数・数学の内容のもつ意味についての理解を深めることと，それにもとづいて統合的発展的な考察ができるようにすること。

c) 関数の考えを用いて問題解決が有効にできること。

ここでは，a) に注目する。例えば，円周率や円の求積について，「円の周りという曲がった測りにくい対象を，（円についての固有な測りやすい長さとして）半径または直径をもとにして，その比率で，できれば確定し，とらえたい」という考え（中島，1981，p.181）を発揮することが重要である。円の求積の場合，半径が決まれば円の面積が決まることを段階を踏んで見出し，半径を１辺とする正方形と円の面積の関係を考えていく（杉山，2008，pp.244-245）。このとき，杉山（2008）が「教科書を見ると，円の面積と正方形の面積とを比べる課題があるから作業をさせているだけでは，そこに至る考え方には気づかないでしょう」(p.245) と述べるように，求めたい数量（円の面積）と関連するより単純な数量（半径の長さ）に着目し，関係づけていること（前ページの関数の考えの過程 (a)）を意識づけることが重要である。

この例のように「変化と関係」領域に限らず，関数の考えを重視した授業を展開することが可能である。このことを通して，数学の法則等の，天下り的，形式的な指導ではなく，中島のいう「自然科学的な精神」を子供が身に付け，発揮していく学習を実現したい。

中島が挙げた観点 a)〜c) は，数学教育の陶冶的目的や実用的目的に通じている。関数の考えは，人間形成や算数の豊かな学習という点で不易な重要性を有しているのである。

【参考文献】
中島健三（1981）．『算数・数学教育と数学的な考え方』．金子書房.
小倉金之助（1973）．『数学教育の根本問題　小倉金之助著作集４』．勁草書房.
杉山吉茂（2008）．『初等科数学科教育学序説』．東洋館出版社.
文部科学省（2018）．『学習指導要領解説算数編』．日本文教出版社.

「関数の考え」とは何か，
なぜ大切なのか

「関数の考え」の意味と意義を自覚しよう

立教大学文学部教育学科　黒澤俊二

1 「関数の考え」とは何か

　1973年（昭和48年）小学校算数指導資料として文部省から『関数の考えの指導』が出版された。それは，算数教育において「中心的な観念として」「関数の考え」の指導を強調する，ひとつの代表的な証拠となる出版物だ。この「関数の考え」の指導の強調は，1930年代の塩野直道の「数理思想」の提唱や，1970年代の小倉金之助の「函数の観念こそ数学教育の核心」という主張を受け継ぎ，中島健三（1981）が「概念や法則を創造的に導く」としたことに由来している。

　そしてこの「関数の考え」の指導の強調は，この度の学習指導要領改訂でも確実に受け継がれている。いわゆる「知識基盤社会」といわれる，新しく知識を創造していかなければならない新しい時代に「関数の考え」の重要性は高まる一方である。この度の学習指導要領改訂に際して「事象の変化を捉えて問題解決に生かす資質・能力の中核となるのは関数

の考えである。」（小学校学習指導要領（平成29年告示）解説 p.62）という文面に，「関数の考え」育成の意気込みを読み取ることができる。

　そして，今回の改訂でも「関数の考え」を以下のように説明している。

> 　関数の考えとは，数量や図形について取り扱う際に，それらの変化や対応の規則性に着目して，事象をよりよく理解したり，問題を解決したりすることである。

　さらにこの「関数の考え」の特徴として，今までの学習指導要領解説と同じように，以下の三つの点を挙げている。

> ア）関係のある数量を見出す。
> イ）それらの数量との間にある関係を把握する。
> ウ）問題解決に利用する。

　筆者は，上記のような「関数の考え」を巡る小史や先行実践を振り返り，「関数の考え」の子どもの様相を以下のような5段階にまとめ，「関数の考え」を「五つの一連の子どもの姿」として規定した。なぜならば，「関数の考え」は「数学の考え」とよばれる一つの思考力であり，思考は頭のなかにあり，実際は子どもの表現する姿を活動のなかに見て取ることによって，授業のなかで評価し指導することができるからである。

　それ故に以下のような段階的に生じる子どもの5つの姿が生起するように，意識的に教材と場面や状況を仕組み，仕掛け，「関数の

考え」育てる数学的活動を実践していきたい。

─── 「関数の考え」5段階 ───

◆第1段階「変数見付け」

　ある変化状況のなかに，変化する数量にいくつか気付き，状況は多変数であることを知る段階。

◆第2段階「依存関係見付け」

　その多変数の状況のなかに伴って変わるもうひとつの数量に気付き，その伴って変化する二つ数量の関係，すなわち依存関係に気付く段階

◆第3段階「きまり見付け」

　その依存関係にある二つの伴って変化する数量の関係の特徴として，一定の規則的な特徴に気付き，その規則性を一般的に知る段階。

◆第4段階「きまりの表現」

　一般的に同じように共通している依存関係のきまりを，表やグラフや式といった表現形式に表現する段階

◆第5段階「きまりの活用」

　式やグラフに表現された依存関係のきまりを活用して，他の場合を捉え問題解決をしたり，その一般的な依存関係のきまりにより概念を決定したりする段階。

---

❷ 「関数の考え」の二つの本質

　なぜ長年「関数の考え」の指導が強調され続けているのかというと，「関数の考え」には，創造活動を必要とするこれからの社会にとくに必要な二つの機能があるからだ。

　ひとつは，問題を解決するという機能である。見出した依存関係のきまりを活用すれば，今のところわからない y は，$y = f(x)$ という依存関係のきまりの表現形式に則って今わかっている x を代入すればわかるのである。例えば，依存関係のきまりを活用すれば何年かの後のことはわかるとか，個数が増えて n 個のときの状態がわかるとか，未来の予想がひとつの問題解決として可能になる。

　もうひとつは，概念形成という機能である。

　今現在わからない数量を，今現在わかっている数量と関係づけて，外延的にいくつかの場合を集め，その共通点として内包的に依存関係のきまりを見出すということは，その一般的な依存関係によって，わからない数量のある一定の概念ができあがることになる。例えば，「速さ」とは「一定の時間内に進む距離のこと」であると。すなわち，新しく登場したわからない数量を，古くからある数量に関係づけて説明することによって，新しい数量が「わかる」という概念形成になるのだ。

　このように，「関数の考え」には，近未来予想という問題解決と，新しい数量の概念形成という二つの機能がある。今後の時代に向けて途轍もない重要な機能である。これら二つの機能が，算数で育てるべき「関数の考え」の本質である。

【引用文献】中島健三（1981）．算数数学教育と数学的な考え方．金子書房，p.180.

学習指導要領における
「関数の考え」の位置づけ

領域の再編成と「関数の考え」の充実

国立教育政策研究所 教育課程調査官　笠井健一

1 変化や関係を把握する力の育成の重視と領域の再編

　領域「数量関係」は，主として，関数の考え，式の表現と読み，及び資料の整理と読みの三つの下位領域からなるものであったが，今回の改訂により，従前の「数量関係」の内容を新たに設けた「変化と関係」と「データの活用」などに移行した。これにより，数量の変化や関係に着目した考察を重視するとともに統計教育の基礎を充実することにした。

　「変化と関係」の領域の新設については，算数科で育成を目指す資質・能力の重要な事項に，事象の変化や関係を捉えて問題解決に生かそうとすることがあり，これが従前から「関数の考え」として重視されてきたことを踏まえている。今回の改訂では，事象の変化や関係を捉える力の育成を一層重視し，二つの数量の関係を考察したり，変化と対応から事象を考察したりする数学的活動を一層充実するために，従来の「数量関係」領域の考え方を生かすものとして，上学年に設けた。この領域の内容は，中学校数学の「関数」領域につながるものであり，小学校と中学校の学習の円滑な接続をも意図している。

　なお，「変化と関係」領域を上学年に位置付けたのは，従来の「数量関係」の領域における「関数の考え」が育成される内容が，伴って変わる二つの数量の関係（第4学年），簡単な比例（第5学年），比例と反比例（第6学年）など，上学年に位置付けられていたことを踏まえたものである。しかしながら，下学年においても，数量や図形等の考察において，数量の関係を考察したり，変化の規則に注目したりする場面が多いことに注意が必要であり，そのような場面は「関数の考え」の素地指導をする重要な機会である。例えば，第1学年でたし算やひき算の計算カードを並べる学習や第2学年のかけ算の乗数が1増えると積は被乗数分増える学習などである。

　指導に当たっては，上述の各領域の特徴を踏まえ，教科内容の系統を見通した上で，育成を目指す資質・能力の発達の系統を意識するとともに，各領域に含まれる内容相互の関連にも十分配慮して取り扱う必要がある。

2 「C変化と関係」の領域のねらい

　この領域のねらいを，次の三つに整理した。

・伴って変わる二つの数量の関係について理解し，変化や対応の様子を表や式，グラフに表したり読んだりするとともに，二つの数量の関係を比べる場合について割合や比の意味や表し方を理解し，これらを求めた

りすること
・伴って変わる二つの数量の関係に着目し，表や式を用いて変化や対応の特徴を考察するとともに，二つの数量の関係に着目し，図や式などを用いてある二つの数量の関係と別の二つの数量の関係の比べ方を考察し，日常生活に生かすこと
・考察の方法や結果を振り返って，よりよい解決に向けて工夫・改善をするとともに，数理的な処理のよさに気付き，数量の関係の特徴を生活や学習に活用しようとする態度を身に付けること

３ 関数の考え

　事象の変化を捉えて問題解決に生かす資質・能力の中核となるのは，関数の考えである。関数の考えとは，数量や図形について取り扱う際に，それらの変化や対応の規則性に着目して，事象をよりよく理解したり，問題を解決したりすることである。この考えの特徴は，ある数量を調べようとするときに，それと関係のある数量を見いだし，それらの数量との間にある関係を把握して，問題解決に利用するところにある。

　関数の考えによって，伴って変わる二つの数量を見いだし，それらの関係に着目し，変化や対応の特徴や傾向を考察できるようにする。また，関数の考えは，この領域にとどまることなく，全ての領域の内容を理解したり，活用したりする際に用いられる汎用性を有している。従って，関数の考えによって，数量や図形についての内容や方法をよりよく理解

したり，それらを活用したりできるようにすることも大切である。

　関数の考えを生かしていくために，次のようなことに配慮することが大切である。

　第一に，ある場面での数量や図形についての事柄が，ほかのどんな事柄と関係するかに着目することである。例えば，ある数量が変化すれば，ほかの数量が変化するのかどうか。ある数量が決まれば，ほかの数量が決まるのかどうか。ある図形の要素などが決まれば，ほかの要素や事柄が決まるのかどうか。そうした関係に着目することで，二つの事柄の間の依存関係を調べることができるようになる。これが，関数の考えの第一歩である。その際，考察の対象となる事柄の範囲を明確にすることも大切である。

　第二に，二つの事柄の変化や対応の特徴を調べていくことである。伴って変わる二つの数量の間には，変化や対応の規則性などの関係を見付けられることがある。その際，数量やその関係を言葉，図，数，表，式，グラフを用いて表すことで，そのように表現されたものから，さらに詳しく変化の様子や対応の規則性を読み取ることもできるようになる。

　第三に，上述のようにして見いだした変化や対応の特徴を，様々な問題の解決に活用するとともに，その思考過程や結果を表現したり，説明したりすることである。ここでは，用いた方法や結果を見直し，必要に応じて目的により適したものに改善することもある。

　関数の考えは，これら一連の過程を通して問題解決に生かされるものである。

日常生活から関数を見出す

関数の考えを重視した比例の指導

東京学芸大学　清野辰彦

1 授業において関数の考えは明確に現れているのであろうか

関数は，事象を数理的に考察し，問題解決をする際に，重要な役割を果たしてきた。その際，注目すべきは，特定の個々の関数（一次関数，指数関数等）が問題解決に貢献してきたことはもちろんのこと，関数の考えが問題解決に貢献してきた点である。

関数の考えとは，ある数量に関して，考察や問題解決をしようとするとき，それと関連の深い他の数量を見出し，それらの数量の間に成り立つ関係を明らかにして，その関係を利用して考察を進めていく考えである。換言すれば，未知の事柄に対して，自分が既知の事柄や捉えやすい事柄に置き換えたり，対応させたりして考察する考えである。この考えは，概念や法則を創造的に導いたり，問題解決を進めていったりする際に，重要な役割を果たす。しかしながら，「関連が深く捉えやすい事柄や置き換えることができる事柄とは

何か」を考えさせることなしに，2つの数量を教師が提示し，数量間の関係だけを考察させてはいないだろうか。また，事象を数学の眼で捉えようとする見方，すなわち「〜とみなす」という見方を育てているだろうか。本稿では，上記の問題意識を背景に，人間の骨の中で最長の大腿骨から，身長を推測する題材を例に，関数の考えを重視した比例の指導について考察する。

2 関数の考えを重視した比例の指導

現在，日本の各地で発掘調査が行われている。発掘調査では，土器や人骨などが発掘される。考古学者は，発掘された人骨の一部から，身長を推測している。以下では，この場面を題材とし，授業を想定して記述する。まず，図1の新聞記事を提示し，小竹貝塚から縄文時代前期としては珍しい170cm超の男性人骨が見つかったことを示す。

図1　人骨出土記事（朝日新聞，2011）

新聞の記事を読みながら，児童の興味・関心を高めるとともに，「どのようにして，骨から身長を推測しているのか」という疑問を生起させていく。その後，骨はどのように出土するのかを図2を見せながら認識させる。次は，身長を推測するのに，骨の中でも何に着目するとよいかを考えさせる。具体的には，人間の全身骨格の絵を配布し，絵を見ながら，身長を推測するのに適切な変量を特定させる。

図2 『若海貝塚発掘調査報告書』(汀, 1999)

　このことは,「関連が深く捉えやすい事柄は何か」を考えさせていることであり, 関数の考えに直結する。上記の問に対して, 児童からは,「大腿骨の長さ」,「歯の数」,「肋骨の数」,「頭蓋骨の周の長さ」,「出土した骨全部の重さ」などが挙げられよう。授業では, これらの考えを検討していく。歯の数に着目した場合,「歯の数は32本で一定」であるので, 身長を推測するのには適していないという考えを引き出したり, 骨全部の重さに着目した場合, 一部しか骨が出土しないことが多いと考えられるため, 骨の重量で推測するのは適切ではないという考えを引き出したりする。こうした検討を通して, 人間の骨の中で最長の大腿骨に意識が向いていくと思われる。そこで, 自分の大腿骨の位置を確認し, その長さ（大腿長）を計測するとともに, 自分の身長を記録する。また, 友達のデータも集め, それを表に整理する（表1）。

表1 （データの一部）

大腿長（mm）	346	366	377	390	400	390
身長（mm）	1380	1446	1502	1564	1601	1564

　なお, 大腿骨長は通常, 直接測定することができないので, 転子点から大腿骨外側上顆点までの長さである大腿長を測定することになる。整理した表を観察し, 2量に関する対応の関係を考える。身長÷大腿長の値を求めると, およそ4になっている。また, 身長を y,

大腿長を x とすると, $y=4x$ が得られる。その後, 以下の問を提示し, 身長の推測を行う。

> 若海貝塚では, 大腿骨が発掘され, その長さを調べると, 461 mm でした。この大腿骨の長さを基に, 身長を推測してください。

　先ほど得られた $y=4x$ という式の x の値に, 46.1を代入して, 184.4 cm という推測が得られる。最後に, 得られた結果に対し, 批判的に考察する。例えば,「大腿骨長は大腿長よりも長い」ので, 大腿骨長を4倍すると身長を長く推測してしまうことについて考察する。また, 骨から身長を推測する際に実際に用いられている式（Feldesman, et al. (1990) が考えた身長を推測する式は,「身長＝大腿骨長×100÷26.74」である）を提示し, 自分たちが見出した式の妥当性を吟味する。

❸ おわりに

　現実事象の問題解決では, 従属変数に対して, 適切な独立変数は何かを考え, それらの関係を探ることが決定的な活動となる。上記の例では, 大腿長に着目し, 身長と大腿長の関係を探った活動が該当する。この考え方を育成していくために, 関数の考えが重要な役割を果たすのである。また, 関係を捉える際には,「～とみなす」という見方が重要となる。授業では, 問題解決において, 重要な見方・考え方を顕在化させ, その見方・考え方を継続的に育成していく必要がある。

引用文献
Feldesman, M. R., Kleckner, J. G., Lundy, J. K. (1990). Femur/stature ratio and estimates of stature in mid- and late-Pleistocene fossil hominids, *Am. J. Phys. Anthropol.*, 83(3), 359-372
汀安衛 (1999). 『若海貝塚発掘調査報告書』.

学習指導要領との関連にみる「関数の考え」の変遷と指導指針

弘前大学教育学部　田中義久

1 はじめに

　小倉金之助（1924）は，「数学教育の核心は関数観念の養成にある」（p.176）とした。また，佐藤良一郎（1924）も，「吾人が数学教育に於て期すべきところのことは始終機会のある毎に関数的関係の考察に留意し数学教授の始めから終わりまで関数思想の養成を眼目として進むべきことである」（p.125）とした。日本の数学教育では，大正時代には既に「関数の考え」の重要性が認められていた。

　本稿では，「関数の考え」の変遷を，学習指導要領との関連から明らかにするとともに，学習指導への指針を明らかにしたい。

2 関数観念の養成の初等化と昭和17年教授要目における「関係観念」

　「関数の考え」を，学習指導要領との関係から捉えようとするとき，まず，昭和6年改正の『中学校教授要目』が挙げられる。これには，「4．教授の際常に関数観念の養成に留意すべし」が示されている。教科書にも，関数やグラフが取り入れられるようになった。

　小学校においては，中等教育数学科の改良の中心としての関数観念の養成を初等化し，日常の事象を関数的に捉え，その解決の見通しをつける能力を伸ばすことが考えられていた（高木佐加枝，1980）。この結果，『尋常小学算術』（緑表紙教科書）が昭和10年から逐年発行された。『尋常小学算術』には，次の願いが込められていた。

「その指導に当たっては，関数なる言葉の定義を与えたり，定数とか変数とか，関数などの言葉を教えたりするのが目的では決してなく，また，「関数」なる一章を算術教材中に設けて，そこで指導しようというのでもない。（中略）
算術教育全体に，関数的な見方あるいは考え方，すなわち関数観念を浸潤させて，機会ある毎に，自然界・自然現象および社会事象を関数的関係の下に，興味を持って観察し，考察し，処理し，工夫するように導き，児童をして考察する仕方を指導していきたい。」（高木佐加枝，1980，p.308，中略は引用者）

　昭和17年改正の『中学校高等女学校数学及理科教授要目』の「注意」には，「2．全般に亘り関係観念の涵養に留意すべし」が示された。「関係観念」については，関数の関係を含んだ広い意味を有するものとなっている。

「関係観念とは対応，関数，相等，順序，大小，図形の関係，相関関係，運動等を含めた広い意味を有する。従来から数学教育の体系は関数を中心とすべきであり従って関数観念の養成が大いに強調せられた。而してこの考え方は現在でも正しい。」（文部省，1942，p.118）

　「関係観念」が強調された背景には，それまでの数学教育への反省が次の記述から伺える。

「然しながら 一方 関数という語を非常に狭い意味に限って，解析的な式に表されたもののみを関数と見て，図形の変化や量の変動至る所に現れる関数関係を取り上げなかった傾きがある。本要目に於て関

数観念ということを特に強調しなかったのは更に広い立場で関係観念を重視する意図からである。」（文部省，1942，p.118）

　教授要目（学習指導要領に相当）においては，関数観念の養成が示され，最終的に，関係観念の強調がなされた点に特徴がある。

3 昭和22, 26年学習指導要領との関連

　昭和22年の学習指導要領（試案）における算数科および数学科の目標を具体的に表した20項目中のいくつかに，関数に関する記述がある。例えば，「10. 量の間にある関係を関数として考えたり，それを図にかいたりする能力を養うこと」である。

　第6学年における算数科指導には，「四.関数の観念を理解すること」がある一方，この学年以外であっても関数観念の理解を念頭に置いていた記述がある。しかし，敗戦直後の連合国軍占領下の数学教育であったために，昭和23年9月の改訂された『算数数学科指導内容一覧表』により，指導内容の学年配当が大幅に変更され，各学年とも約1学年ずつ引き下げられた。これにより，比例などが小学校で取り扱われず，昭和24年以降昭和33年の学習指導要領に到るまで，関数観念の理解を促す内容が手薄になったことが伺える。

4 昭和33年告示の学習指導要領との関連

　昭和33年の学習指導要領における算数科の目標は，5つで構成されている。そのうちの2つに「関係」の語が用いられている。

　この学習指導要領で第3学年から第6学年に「数量関係」の領域が設けられた。この領域は，「式・公式」，「割合」，「表とグラフ」で構成された。この領域において，関数の考

えに関する内容が積極的に取り入れられた（文部省，1973）。

　系統学習が強調され，学年配当の水準が引き上げられた一方で，「数量関係」の領域については，次の批判的な意見もみられる。

「現指導要領の「数量関係」は，割合，式・公式，表・グラフといった話題を取り上げて，特殊な関係の一断面を述べているにとどまり，小中学校の数学の内容を蔽うような関係の体系を示してくれてはいない。」（橋本，1963，p.4）

　この論考には，数量関係の体系を構成するための「関係と演算」などが論じられている。

5 昭和43年告示の学習指導要領との関連

　昭和43年の学習指導要領に関連し，「関数の考え」が，次のように捉えられた。

「この関数の考えは，「自分のとらえようとする（まだわからない）事柄を，既にわかっているか，あるいはとらえやすい事柄に対応させて，必要によってはそれで置き換えて考えようとする。」考えである」（文部省，1973，p.7）

　そして，「数量関係」の領域に，「関数」が設けられ，「関数の考え」が一層積極的に行われる措置がなされた（文部省，1973）。実際，「関数」，「式表示」，「統計」の3項目で構成された。なお，「数量関係」の領域が位置づけられていない低学年においても，「関数の考え」の育成を重視すべきことが伺える。

　さらに「関数の考え」を指導する意義をとらえる視点，すなわち，「ア 微積分へのアプローチと科学的な探究の精神の育成」，「イ 統合のアイデアとしての関数の考え」が示された（文部省，1973）。また，「関数の考え」の特徴として「a. 依存関係に着目すること」，「b. 関数関係を見つけたり，用いたりするこ

と」, 「c. 関数関係を表現すること」の3つが示された。特に,「a. 依存関係に着目すること」については,まず,「(1) 変数の考えについて」が挙げられ,「ア 身の回りの自然な事象の中にある変数を扱う場合」,「イ 簡単な条件を満たすような二つの変数を考える場合」,「ウ 与えられた数は定数であるが,それをそのまま見ないで,その定数を含む集合を考え,それを変数として扱う場合」という扱われる3つの場面が示された。

ウの場面については「いくつかの数値の間の関係が見いだされたとき,更にその数値の幾つかを他の数値に変えてみることによって,その関係をより一般的にとらえられるようにすること。また,与えられた数を,それを含む集合を考え,その中で変えてみること。」(文部省,1973,p.15) と説明されている。

これは,「定数であったものを何らかの形で変数としてとらえ,そうしたことに目をつけることも,一般化の際に重要なことである」(中島,1982/2015,p.147) に通じている。なお,変数の考えが形成されるための条件も示され,「変数の考えと関数の考えとは,相伴って深まっていくもの」(文部省,1973,p.15) としている点が興味深い。

さらに,「(2) 変量を関係つけてみること」についても次のように説明されている。

「数量の関係を関数的にとらえる最初の着想として重要なものであり,この着想はしばしば大きな発展への動機にもなる。従って,機会あるごとに数量を関係付けてみるという体験をさせることが必要である」(文部省,1973,p.15)

これは関数的思考の一つは Collected thinking,ものごとを関連付ける collect することであり,数学は個々ばらばらな数学的事実を教えるのではなく,ものごとを関連付けることを教え,関連付けて考えさせるということである (和田,1997) という考え方と関連する。

この学習指導要領は,世界的に提唱された数学教育の現代化の影響を強く受けた。従来の数学的な考え方との関係から,数学教育の現代化は,次のように特徴づけられている。

「数学教育の現代化は,新しい内容の導入よりもむしろ,現代数学の見方や考え方を導入することが主眼であった。(中略) 従来の「数学的な考え方」の質的な拡充を図ったものと解釈することができる。」(文部省,1986,p.21,中略は引用者)。

6 昭和52年以降の学習指導要領との関連

昭和52年の学習指導要領に関連し,「関数の考え」が次のように精緻化された。

「一つの数量を調べようとするとき,それと関係の深い数量をとらえ,それらの数量との間に成り立つ関係を明らかにし,その関係を利用しようとする考えが,関数の考えの基本的な考えである」(文部省,1978,p.35)

「数量関係」の領域は「関数の考え」「式に表したり,よんだりすること」「統計的考察」「集合の考え」の4項目で構成された。

この改訂以降,関数の考えに関する指導があまりに形式的になりすぎており,数学的な概念や法則を導くという積極的な立場での考察やその意義についての理解が少ない (中島,1982/2015) という認識も示されている。

平成元年及び平成10年の学習指導要領においては,「数量関係」の領域が,「関数の考え」,「式であらわすことと式をよむこと」,

「統計的な処理」の３項目で構成された。平成20年の学習指導要領においては，低学年からも「数量関係」の領域が設けられ，各学年において充実を図ることが明示された。

ただし，「関数の考え」が「数量や図形について取り扱う際に，それらの変化や対応の規則性に着目し問題を解決していく考えである」（文部省，2008，p.54）とされ，これまでとはやや異なる捉え方が示された。この場合，「数量の関係を関数的にとらえる最初の着想」への意識が弱まることが懸念される。

７ 「関数の考え」を身につけ使うために

「関数の考え」を身につけ自問自答できる姿とはどのような状態であろうか。島田（1990）には，「関数の考え」を用いることの意味が，問いと関連させて説明されている。

「関数の考えを用いるということは，次のような発問を自分に問いかける発想と傾向と，その問に答えるのに役立つ方略を身につけることであるといえよう。すなわち，新しい問題に当面して，
1. これは，いったい何と何が決まれば決まるのか。
2. （１の何が同定できたとき）それは，どんなふうに決まるのか。
3. 必要とする結果を得るには，もとの方をどう決めたらよいか」（島田，1990，p.30）

１の問いに答えるためには，当面する事象の知識や，事象が数学外である場合にはその事象に関する科学の知識が必要であり，これらから独立変数の同定が行われるとしている。２については有効な手法として実験が登場し，データを組織的に収集して配列することであるとしている。

学習指導に当たっては，様々な機会において上記の問いを典型例とした教師の発問や授業展開の影響を受け，子どもが上記の問いを自らに問いかけられるようにしたい。教師は，その姿をとらえ積極的に称賛したい。

日本の数学教育における「関数の考え」の変遷は，指導内容の学年配当の面からは全学年への広がりをみせ，その意味の面からは精緻化が図られてきたといえる。今後の数学教育においては領域の構成に左右されることなく，機会ある毎に関係を捉える科学的な探求の精神としての「関数の考え」を育成していくとともに，これまでの研究や実践の蓄積を，統合のアイデアとしての「関数の考え」という視点から見直していくことが望まれる。

【引用・参考文献】

橋本純次（1963）.「数量関係について」,『数学教育の発展』，佐藤良一郎先生・塩野直道先生記念誌出版編集委員会，pp.3-12，大日本出版社.

小倉金之助（1924）.『数学教育の根本問題』，イデア書院.

文部省（1942）.『中学校高等女学校数学及理科教授要目解説要項とその趣旨』，日本放送出版協会.

文部省（1973）.『関数の考えの指導』，東京書籍.

文部省（1978）.『小学校指導書算数編』，大阪書籍.

文部省（1986）.『数と計算の指導』，大日本図書.

文部科学省（2008）.『小学校学習指導要領解説算数編』，東洋館出版社.

中島健三（1982/2015）.『算数・数学教育と数学的な考え方 その進展のための考察』，金子書房／東洋館出版社.

佐藤良一郎（1924）.『初等数学教育の根本的考察』，目黒書店.

島田茂（1990）.「関数のグラフ」,『教師のための問題集』，pp.30-37，共立出版株式会社.

高木佐加枝（1980）.『「小学算術」の研究』，東洋館出版社.

和田義信（1997）.『著作・講演集６ 講演集（４）数学的な見方・考え方と教材研究』，和田義信著作・講演集刊行会，東洋館出版社.

数えることと関数の考え

変化するものの中に変化しないものを見いだす

1 対応する関係に着目する

　関数の考えを働かせるためには，数量や図形の間にある関係を見いだすことができるかどうか，そして，それを数理的に処理していくときに活用できるかどうかが鍵になる。

　ある数量が別のある数量といつもきまった関係にあることを知り，その対応について面白いと感じたり，そのことを使って次を予想したり，より簡単な方法で物の個数を数えたりする発想は，もともと子どもの中にある。低学年のうちからそれを教師が価値のあるものだと捉え，その価値や面白さを子ども達に伝えていくことにより，子ども達の中に，変化や対応のきまりに着目していこうとする目は育っていくと考える。

　それは，「数える」という活動の中にもたくさん見られる。

2 他の数と対応させて数える

　白石と黒石が何個かずつばらばらに置かれているときに，「どちらが（何個）多いか」とたずねたとする。

　それぞれの石を，「1，2，3……」と数えて個数を表し，その数で比べる方法もあるが，石を動かしてもよい状況であれば，白石と黒石のペアをつくれば（あるいは，1対1

対応させて並べれば），それぞれの数を数えなくても個数を比べることができる。もし，紙にプリントされたものであれば，1個ずつ線でつないでもよい。もし，白石が2個あまったとすれば，「白石が2個多い」ことがわかる。このように，「対応させる」ことは，「数える」という行為の基本にある。

　そして，もし黒石が8個だとすれば，白石の個数は数えなくても「8個より2個多いから10個」であることがわかる。つまり，黒石との関係から，白石の個数がわかるのである。このような考え方が，関数の考えの素地として大切な部分である。

　机の上におはじきを10個用意させ，「今から，先生が言う個数のおはじきを取ってね」というような活動は，1年生でよく行われる。この時に，「2個」や「3個」の場合にはさっと取ることができるのに，「8個」のように大きな数の場合には時間がかかる子がいる。それは，「1，2，3……8」と，言われたおはじきの数を数えるからである。ところが，短時間で8個をさっと取れる子もいる。どんな方法を使ったのかをその子に尋ねると，「2個を寄せておいて，残りのおはじきを取った」というように工夫して数えたことを話してくれる。もとのおはじきの総数が10個で

あることはわかっているのだから，2個を数えれば，残りが8個であることは数えなくてもわかる。

つまり，「8はあと2で10」とか「10は8と2」というような8と2と10の関係に着目して8個のおはじきを数えたのである。

「10個のおはじきから8個を取る」という活動を行うときに，このようなアイデアを子どもから引き出すことを授業者が意識している場合としていない場合とでは，授業者の視点は変わってくる。意識していれば，そういう子がいることを期待して子どもの手の動きに目を向けるはずである。そしてそのアイデアを見逃さず，これを生かした授業展開に向かうことができる。

このような発想をする子は，はじめのうちは少ないかもしれない。けれども，教師が他の子たちにもこのような数え方を紹介し，そのよさを伝えていくことによって，「他の数量との関係を見つければ早く数えられる」とか「簡単に数えられる」と気づき，「今度の問題でも，何か工夫できないだろうか」と考える子が増えていくことが期待できる。

3 変わらないものを見つける

右の図のように，正方形の形に並んだ碁石の数を数える問題がある。1個ずつ数えなくても，か

け算やたし算，ひき算を使えば，計算を使って数えることができる。

その方法は，たくさん考えられる。

例えば，6×4＝24。

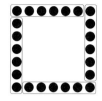

右の図のように分けると，6個のかたまりが4つできる。だから，6×4になるのだが，もし，1つの辺上に並ぶ個数が6個であれば5×4になるし，8個であれば7×4となる。

これらのことから，1つの辺上に並ぶ個数をn個とすると，碁石の総数は $(n-1) \times 4$ と計算することができることがわかる。

なぜ，そのような式になるかというと，右上の図のような囲み方をすると，1つの辺上に並ぶ碁石の個数nがいくつの場合でも，囲みの中の個数はnよりも1小さい数になり，辺は4つあるので，その囲みはいつも4つできると言えるからである。

つまり，nが変化しても，－1と×4の部分は変化しないのである。

他の数え方の場合も同様のことが言える。

例えば，n×4－4で求めたとする。この場合は，「辺が4つある」ことと「角が4つある」ことが変わらない。$(n-2) \times 4+4$ の場合も同じである。

このように，変化するものの中に変化しないものを見つけることによって，いつも同じ考え方で数を数えられるようになることがある（2で紹介した「10個のおはじきから8個を取る」という事例の場合は，「和がいつも10である」ということが変化しない）。

関数の考えでは，変化するものの中に変化しないものを見いだす目をもつことが大切なのである。

計算について考えることと関数の考え

「数と計算」領域における関数の考えを使った問題解決

1 問題解決のために関数の考えを使う

「関数の考え」とは、「1つの数量を調べようとするとき、それと関係の深い数量をとらえ、それらの間に成り立つ関係を明らかにし、問題解決の場面などでその関係を利用しようとする考え」である。したがって、「関数の考え」の有用性を子どもたちが感得するためには、関数の考えを使って問題解決する過程を大切にした指導が重要である。そのため、新学習指導要領にある「C 変化と関係」の領域に留まらず、様々な領域における問題解決の場面で「関数の考え」を扱うことが望まれる。特に、低学年から繰り返し「関数の考え」を教師が意識して扱うことで、問題解決の手立ての1つとして「関数の考え」を使うことができる子どもを育むことができると考える。以下、低学年における「A 数と計算」領域での「関数の考え」を用いた問題解決場面について述べる。

2 第1学年　加法における関数の考えを用いた問題解決（和が一定）

本実践では、和が一定の式を見つける過程で数の並び方の規則性を見いだし、数の関数的な見方に気づくことをねらいとした。まず、加法の計算を3題板書した。

---

①5+5　　②7+3　　③2+8

子どもたちは、問題を解いていく中で、どれも答えが10になっていることに気づいた。

「答えが10になるたし算は3つもあるんだね」と教師が言うと、子どもから「他にもまだある」「たくさんありそうだ」という発言があった。この発言から「答えが10になるたし算を見つけよう」という問いを立て、その問題解決へと向かった。

解決への第一歩として、子どもたちが見つけた式を細長く切った紙に書き、黒板に貼らせた。

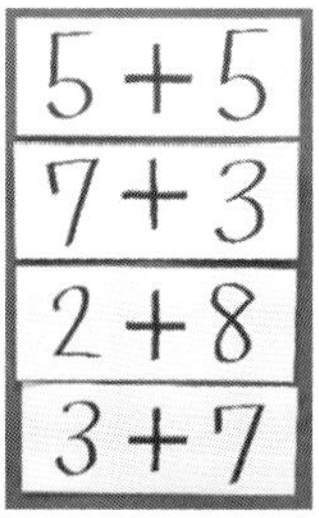

次に4＋6の式をカードに書いて黒板に貼ろうとしたA児が、「カードを並べ替えてもいい？」と言い、図2のように並べ替えた。

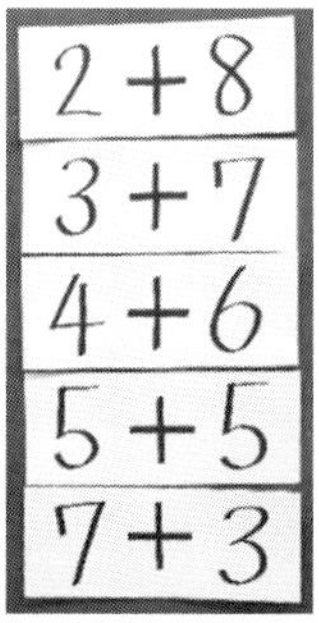

このカードの貼り方を見た他の子どもに、A児が並び替えた理由を説明させると、「Aさんは、左が2、3、4、5、右が8、7、6、5と数を並べたんだと思います」と答えた。並べ替えることで、無秩序な式の羅列の中からきまりを見つけようとしていた。

続けて、「だったら……」とB児がカード

図1　子どもが見つけた式

図2　整理した式①

を動かした。B児は「5＋5と7＋3のカードの間を空けてカードを貼り直して，この間に6＋4を入れたほうがよい」と発言した。

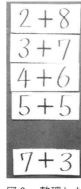

図3　整理した式②

B児は，加数と被加数の依存関係に着目し，変化のきまりを見つけていた。変化のきまりを成り立たせるためには，5＋5と7＋3の間にある式を入れないと成り立たないことに気づいている。一方で，6＋4を入れる説明として，別の子どもから以下2つの説明が出された。

・たされる数が1ずつ大きくなっている。
・たす数が1ずつ小さくなっている。

「順番に並べた方がきれい」「順番に並べると，他の式もわかる」という発言もあり，子どもたちは答えが10になる他の式をすべて洗い出し最終的に11個の式を見つけることができた。また，11個以上はないこともわかった。

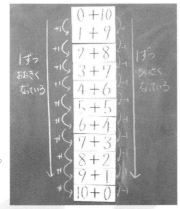

図4　すべての式を順番に並べる

授業の最後に，加数と被加数の関係性を捉える方法を子どもたちが感得したことを確認するため，和が12になる式を見つける問題を提示した。すると，ほとんどの子どもが，0＋12，1＋11，2＋10，3＋9……と順番に重な

りや落ちなく13通りの式を書くことができた。一見関係がなさそうな式でも，順序を並び替えることで加数と被加数の間の関係が見えてくる。被加数を1増やすと加数は1減るというきまりを見つけることで，「関数の考え」を学べたことを確認した。

3　減法における関数の考えを用いた問題解決（差が一定）

加法と同様に減法の場面でも，差が一定の時，被減数が1増えると，減数も1増えるというきまりがある。第1学年で「差が3になるひき算を見つけよう」という問題を扱った。加法で使った関数の考えを用いて，3−0，4−1，5−2と順番に書いたり，途中で気づいて並べ替えている子どもの姿が見られた。減法においては，差が3になる式は無数に存在するため，このきまりに気づいた子どもたちは，未習の数が大きなひき算でも「きっと差は3になるはずだ」と予想して式を書き続けていた。「関数の考え」は，低学年でも推測する力を養う点からも有用である。

4　「関数の考え」を育むために

以上のように，関数の考えをよりよく育成するためには，依存関係に子どもたちが着目し，その関係を明らかにし，「何かきまりはないか」「見つけたきまりを使うことはできないか」と「関数の考え」を使った問題解決を意図的に授業で設定していくことが肝要である。子どもたちが問題解決において「関数の考え」が使えるように，どの場面で有効に「関数の考えが使えるか」教師は教材研究を行っていくかが問われる。

数の見方と関数の考え

10倍すれば「0」がひとつ付くこと

青森県東北町立甲地小学校　工藤克己

1 10倍すると数はどうなる？

数の10倍・100倍……（あるいは$\frac{1}{10}$・$\frac{1}{100}$……）を指導する場合，関数の考えを大切にする指導を心がけたい。その際，子ども自らが数の集まりの中に規則性を見出そうとする姿を引き出したい。

例えば，3年生の「大きな数」の学習で，次のような問題を提示したとする。

> 25の10倍はいくつでしょう。

大人であれば即座に「250」という答えを導き出すことができる。「10倍すればもとの数（25）に「0」がひとつ付く」という見方が備わっているからである。しかしこの時点の子どもはそうはいかない。わからない子が多いのは当然である。

このときに25を10回たしてみる活動が効果的だと考える。全員にそれを促し，本当に250になるのか確かめてみるのである。

25+25+25+25+25+25+25+25+25+25=?
① ② ③ ④ ⑤ ⑥ ⑦ ⑧ ⑨ ⑩回たす

答えにたどり着き，「250」になったことに驚く子どもが多い。子どもたちは，もとの「25」という数を10回たした時（10倍した時），「25」という数の並びはそのままで最後に「0」がひとつ付いたことに驚きと面白さを感じる。実際に自力で答えを求めたことに起因する感情でもある。

2 どんな数でもそうなるの？

10倍について他の数でも確かめてみる。

> 32の10倍はいくつでしょう。

子どもたちは先程の計算結果から，「320」になると推測してくるのだが，それは推測するための根拠があるからだ。なので，単に「320になりそうですね。ではまたたしてみましょう」とはせずに，「どうして計算しないのに答えがわかるの？」と尋ね，その根拠を問うことが大切である。

子どもたちからは，「もとの数に0（ゼロ）をひとつ付ければ答えになるはずだ」と言ってくるのだが，あえて「本当にそうなるのかな？　さっきはたまたまじゃないの？」ととぼけてみると，子どもたちは，また32を10回たせばよいと提案してくる。このように，子ども側から解決の流れを示してくることを信じ，子どもの動き出しを引き出そうとする教師の働きかけを心掛けたい。

今度は，教師と一緒に全員でたしてみる。

やはりこれも「32」→「320」になった。他の数で確かめても同じであることから，数を10倍したときの答えは，もとの数に「0」をひとつ加えたものになることが明らかになった。

```
2 5    →10倍→    2 5 0
3 2    →10倍→    3 2 0
4 7    →10倍→    4 7 0
```

3 「関数の考え」を広げる

この関数の考えはもちろん，100倍にも1000倍にも，$\frac{1}{10}$にも$\frac{1}{100}$にも通じるものである。では，10倍での考え方ができるようになった子どもたちは，次の問題をどう処理していくだろう。

> 25の100倍はいくつでしょう。

当然，10倍のときから類推し，「2500」になるはず，と考える子どももいるだろう。しかし，全ての子どもが確信を持ってそう結論づけることがはたしてできるだろうか。もちろん，「25」を10倍すると「250」，100倍するには，「250」をまた10倍すればよいので，「2500」になる，というように論理立てて考えれば納得のいく結論に到達できるかもしれない。しかし，子どもたちはそうそう簡単に筋道だった思考を進めていけるわけではない。

ここは，先程と同じように「25」を100回たして答えを導くといった泥臭い？ 方法が効果的だと思うのである。

そうはいっても，「25」を100回たすためには相当な労力と時間が必要になるだろうし，途中で計算ミスが多発することは容易に予想される。そこで，電卓の登場である。電卓の機能の中に，＋キーを2回続けて押した後，＝キーを押すと，その後同じ数が累加されるというものがある。

```
押すキー        表示数        たす回数
25 ＋ ＋   …25              ①
        ＝  …25＋25＝50      ②
        ＝  …25＋25＋＝75    ③
        ……
```

この機能を使うと，25を100回たすことは容易になる。このやり方を伝えた後，各自ばらばらで計算させるのではなく，全員で歩調を揃え，最後一斉に100回目の答えに到達できるようにしたい。その方が，学級全員で答えに到達した喜びが倍増し，しかも，10回や50回などの途中の答えも確かめ合いながら進めることができるからである。

「25」を100回たして「2500」になったことがわかれば，同じ方法を使って別な数の場合でも確かめさせることができる。結果，数を100倍したときの答えは，もとの数に「0」をふたつ加えたものになることも明らかになった。

このように帰納的に獲得した確信があれば，25の100倍は25の10倍をまた10倍することと同じ，という演繹的な見方もすんなり理解できるのではないかと考える。

図形の見方と関数の考え

図形を動的に考察する

新潟大学教育学部附属新潟小学校　志田倫明

1 図形領域の指導と関数の考え

　「関数」を重視するという場合，「公式のような指導内容として理解させること」に重点をおくというよりも，「関数という関係的な見方をとり入れて，ことがらを考察しようとするアイデアやその手法を子どもに身に付けさせること」に重点をおいて指導したい。図形に関わって述べるならば，辺，角などの構成要素に着目して分類したり整理したりする考察を通して，一定の条件で構成される仲間としての認識を高めていくことが重要である。

　私は，「図形を動的に考察しようとするアイデア」こそ，図形の見方を豊かにする肝であると考える。以下，具体を示す。

2 実践　6年拡大図・縮図

(1) 個々の図形の考察

　もとになる三角形を提示し，「この三角形と同じ形をみつけよう」と発問した。その

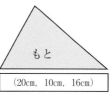
もと
(20cm，10cm，16cm)

後，袋の中から大小さまざまな三角形を順に提示していき，もとの三角形と同じ形か違う形か判断させた。子どもは見た感覚で，一つ一つの図形を個別に判断し，次のように分類した。

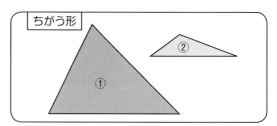
ちがう形
① ②

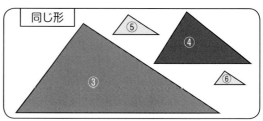
同じ形
⑤ ④ ③ ⑥

　その後，明らかに違う形だと判断した二つの三角形について，理由を問うた。

「①は縦長になりすぎ。上の角度がもとの形は90度くらいあるけど①は90度より小さい」

「②は潰れすぎ。底辺の長さは変わっていないのに，他の辺はすごく短くなった感じ」

　感覚的な形の違いを言語化させることで，対応する角度の大きさや辺の長さに着目し，比較していることが明らかになり共有できた。辺の長さが話題になったところで，①②の三辺の長さを調べさせた。

・①の三角形（30 cm，20 cm，26 cm）

・②の三角形（17 cm，7 cm，13 cm）

　こうして，角度が違ったり，辺の長さのバランスが違ったりしている場合，形は同じとは言えないということを確認した。

次に同じ形と見える三角形について，判断の理由を問うた。子どもは辺の長さや角度を調べ始めた。

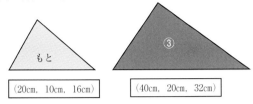

対応する角を重ねてその大きさが等しいこと，また対応する辺の長さが全て2倍に変化していることを理由として挙げ，納得した。

(2) 関係付けから動的な考察へ

次に，三角形④が同じ形か確かめようと投げかけた。すると，もとの図形と④の図形の関係付け方は二つに分かれた。

A：「1cmずつ短くなっているから同じ形」

B：「辺の長さの比が等しくないから違う形」

この状態で議論させても，子どもの思考は深まらない。お互いの主張を理解することはできるが，正誤を判断するだけの事実がないからである。このような個別の考察の限界場面こそ，関数を取り入れたアイデアを用いさせるチャンスである。そのための仕掛けが①②の図形である。子どもは意図通り「②の三角形を見ればわかる」と発言した。

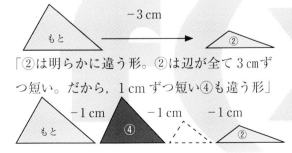

「②は明らかに違う形。②は辺が全て3cmずつ短い。だから，1cmずつ短い④も違う形」

子どもは辺の長さを変化させて動的に考察するアイデアによって，個々に判断していた図形を関係付け，次のように整理した。

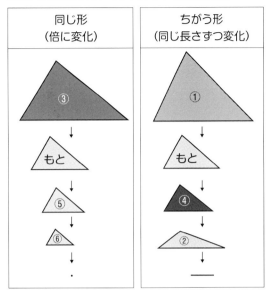

このような整理によって，1cmずつ短くしていった形は，いずれ三角形が作れず直線になってしまうと仲間とまとめた。対して，倍（等しい比）で変化させていった形は，同じ形のまま変化していき，いずれは直線ではなく点のようになってしまうと仲間とまとめた。

三角形	③	もと	⑤	⑥
辺A	40	20	10	5
辺B	20	10	5	2.5
辺C	32	16	8	4

3 まとめ

図形の内容は，一つ一つの図形を個別に考察させる指導場面が多い。その個別の考察に限界を感じる場面こそ，動的に考察させるチャンスがある。ねらいに迫る構成要素に着目させ，変化させていきたくなる仕掛けを用意する。子どもが動的に考察し始めたことを適切に捉え価値付けることで，その手法を子どもに身に付けさせていくことができる。

関数の考えを使って，図形の概念を深め活用を促す

新潟県新潟市立新津第三小学校　間嶋　哲

1 3つの視点

関数の考えが身についている子どもならば，次の3つのことが自然にできるようになる。

①ともなって変わる2つの量に着目する

②何らかのきまりを予感し活用する

③式（グラフ）を用いて表現し活用する

2 三角形の内角の和に着目する

例えば，単に三角形の内角の和が180°になることを教え込み，問題練習させるだけなら素人でもできる。実感を伴った理解をさせ，併せて数学的な見方・考え方を育むためには，まずは直角三角形を用いて，直角以外の2つの角の大きさがどのように変化していくのかを考えさせたい。三角定規を取り出し，角度を確認しながら下のような表にまとめる。

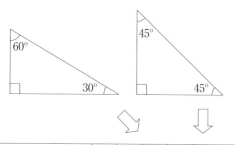

右の角度（°）			30		45	
左上の角度（°）			60		45	
左下の角度（°）	90	90	90	90	90	90

表に空欄を設けてあるのは，三角定規以外の直角三角形にも着目させたいからである。

次に，ノートに直角三角形を様々かかせ，実際に角度を測り，表に数値を埋めていく。

（例）

右の角度（°）	15	20	30	40	45	60
左上の角度（°）	75	70	60	50	45	30
左下の角度（°）	90	90	90	90	90	90

「何か気づいたことはあるかな」と問えば，「右と左上の角度をたすと90°になる」という反応が生まれる。ここまでで推測できることは，「直角ではない2つの角の和は，いつも90°ではないか」ということである。

最後に，一般の三角形に広げていく。

「左下の角を90°から60°にすると，どのように変わるかな」と問い次の表を提示する。

A の角度（°）						
B の角度（°）						
C の角度（°）	60	60	60	60	60	60

様々自分でさせてみて，最終的に「3つの角度をたすと180°になる」ことを帰納的に導きたい。

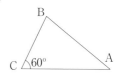

3 対角線の数の変化と，理由を考える

一般的に対角線の導入の際は，下のような長方形などの四角形が用いられる。

対角線の数が2本になることは明らかだ。対角線の概念をより深め，数学的な見方・考え方を育むためには，多角形に範囲を広げ，対角線の「数」に着目させていきたい。

まずは五角形と六角形をかき，対角線を引かせていく（下の図では正五角形と正六角形なので，綺麗な模様ができる）。

対角線の数は，それぞれ5本，9本である。六角形までなら，本数を数えるのは容易だ。

次に，八角形の対角線の数を予想させる。9本より多そうだという予想はつくものの，実際に対角線を引かせてみると，その数が，なかなか全員で一致しない状況が生まれる。

そこで，次のような表を提示する。

三角形	四角形	五角形	六角形	七角形	八角形
0本	2本	5本	9本	?本	?本

調べ終わっているのは四角形，五角形，六角形だが，三角形には対角線がない（つまり0本）とすると，数の変わり方に気づき，あるきまりを見出す子どもがいる。

「三角形から四角形は2本，四角形から五角形は3本，五角形から六角形は4本増えているから，きっと七角形になったら5本，八

角形になると6本と増えていくのではないかな」という「予感」を持つ子どもがいる。その論理で考えると，八角形のときの対角線の数は，9＋5＋6＝20本と予想できる。

本当にそうなるのか，実際にやってみる。

どのように引けば正確な数が分かるのだろうかを問う。すると右のようにアの頂点からは5本，イからも5本引けること

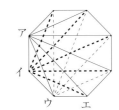

がわかる。ところが，次のウからは4本となり，エからは3本と続き，その後，2本，1本と少なくなることがわかる。式にすると，

5＋5＋4＋3＋2＋1＝20である。20本であることが，確信に変わる瞬間だ。

もちろん，8つの頂点からそれぞれ5本ずつ対角線を引く（重複もあり）と考えると，

8×5＝40本。ただし，どこも二重に引いているので40÷2＝20本と考えることもできる。

言葉の式に置き換えると，「頂点の数×（頂点の数−3）÷2」である。ここまでたどり着くと，どんな多角形になっても，すぐに対角線の数が判明するようになる。

4 表を作り，きまりや式につなげること

事象に合ったいくつかのサンプルを抽出し，表にしてみる。そして，どのように数値が変化するのかを考察する。このような資質・能力があるからこそ，何らかのきまりを発見するきっかけとなる。そして，式として表現することで，さらに，そのきまりを強化したり修正したりできるのである。

４年「長方形の面積」の指導を「関数の考え」で捉え直す

大野　桂

1 「関数の考え」こそ算数教育の本質

中島健三氏は，著書『算数・数学教育と数学的な考え方』（1981，金子書房）の中で，

> ・新しく考察の対象としている未確定の，または複雑なことがら（これをyとして）を，よくわかった，またはコントロールしやすいことがら（x）をもとにして，簡単に捉えることができないか。このために，何を（変数x）として用いたらよいか。また，そのときに，対応のきまり（法則）fはどんなになるか」という考えに立つことが，「関数の考え」の基盤として考えられる。(p.181)
> ・「関数の考え」の本質は，「一つのもの」を「ほかのもの」と関係づけてみようとすることにあるわけで，これは，われわれ人間が，ものを「考える」ということ，ものが「わかる」ということの本質でもある。(p.181)

と述べられている。

私はこの文章を読み，関数の考えが「人間が考え，わかることの本質」だと理解した時，「どうしたら関数の考えを子どもたちに育めるのか」という視点で算数の全学習内容を見直す必要があるという思いに駆られた。

2 長方形の面積公式の学習と「関数の考え」

「長方形の面積公式」の学習は，「縦×横」という公式を教え，計算公式と数値を当てはめて面積を求められるようにすればよいわけではない。また，一般的に面積公式の理由として捉えさせる，「面積は，1 cm²の単位正方形の個数を数えることであり，その個数を"縦いくつ分・横いくつ分"として捉えれば，縦×横で単位正方形の個数が数えられる」と理解し，下のような「閉じられた平面を1 cm²の単位正方形を敷き詰めることが面積」と捉えられるようになることでも，

「関数の考えをいかにして育むか」という点では極めて不十分である。

・「何に依存するか」を見出す

中島氏の「関数の考えを育む」という視点で長方形の面積の学習を捉え直そうとするとき，まず大切にすべきは，「不確定要素である面積は何でコントロールされているか」，すなわち「面積は何に依存しているか」を見出すことである。その視点で長方形の面積をみると，長方形の面積は，縦の長さと横の長さが変化することで，それに伴って変化すると捉えられるので，長方形の面積は縦と横の長さに依存しているということが分かる。これが「関数の考え」の第一歩目である。

・「変数」を決定する

面積は縦と横の長さに依存することを捉えられたら，次にその依存関係を調べることを

行うが，縦・横の長さがともに変化すると依存関係は捉えにくい。そこで長方形の縦の長さを固定し，横の長さを変数として捉えさせるようにさせてみる。

縦を固定　面積は横に広がっていく

実際の授業における問題としては，例えば，上のような図を示し，面積が平面上の閉じられたものではなく，横に広がっていくという場面設定をし，「面積の大きさ」がどうなっていくかを問うてもよいだろう。

・依存関係を調べ，変化のきまりを見出す

次に面積の変化の仕方を捉えさせる。まずは，例えば縦を2cmと固定したとき，横が1cmの時に面積が2cm²となることを押さえ，確定させる。そして，横が2cm，すなわち2倍に伸びると，面積も$2 \times 2_倍 = 4$cm²で2倍となり，続けて，横を3倍の3cmにすると，面積も$2 \times 3_倍 = 6$cm²で3倍となると見出させていく。

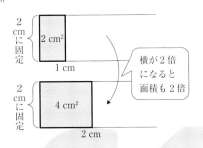

2cmに固定　2cm²　1cm

横が2倍になると面積も2倍

2cmに固定　4cm²　2cm

そして，以下のように「横の長さが2倍，3倍になると，面積も2倍，3倍になる」

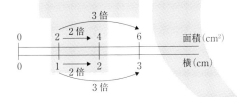

というように，「面積は横の長さに比例する」と関数で捉えさせていく。

・「対応のきまり」から「面積公式」へ

ここで，「横の長さが100cmの時に面積はどうなる？」と問うとする。もちろん，比例関係を用いても解いてもよいが，以下のように対応関係に着目させ，「横×2（縦）＝面積」という「対応のきまり」を発見させて解かせ，

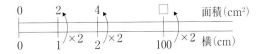

その「対応の決まり」から「横×縦＝面積」という面積公式に迫るのも，「関数の考えを育む」という視点から重要であると考える。

・「小数の乗法の意味の拡張」の視点から

実は，ここまで述べてきた比例関係に重点を置いて進めた面積指導だと，スムーズに「乗法の意味の拡張」の理解が進むことが分かる。例えば「縦2cm，横の3.7cmの長方形の面積」について数直線で捉えると以下のようになる。

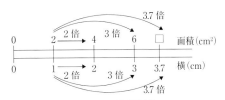

つまり，乗数が小数の3.7のときも，横が3.7cmに当たる面積は，$2 \times 3.7_倍$としてよいと，自然と捉えることができるのである。

小数をかける意味を捉える前提には比例関係がある。それを面積が横の長さに比例することを理解することで，乗数が小数となる場合の理解が促進するのである。

関係のある異種の2量の存在を認識し，その関係を捉える

—— 関数的な見方・考え方を育むために大事にしたいこと

山本良和

1 関数的な見方・考え方を育むために関係のある2量を認識する過程を大事にする

低学年の子どもは，一対一対応を基本の考えとして身の回りに存在する数量を捉えていく。そこでは単なる量として認識しているので，子どもは表された数値の大小で数量の大きさ等を判断する。ところが，中学年以降になると，身の回りの事象の中に存在する数量を認識する過程において，徐々に該当する数値の大小だけでは判断できないという考えを抱くようになってくる。それは，例えば「混み具合」を検討する場面である。

「Aの部屋には9人，Bの部屋には6人いる」という状況があったとする。人数は明らかにAが多いにもかかわらず，「どちらの部屋が混んでいるかは，これだけではわからない」と言うような子どもの姿である。低学年の子どもには決して見られない反応である。

つまり，中学年以降の子どもは，混み具合を認識する場面で，人数の多少だけではなく，広さという情報を欲するようになる。混み具合は，人数と広さという2つの量の関係でとらえるべきものだという考えが働いているからに他ならない。このような子どもは，人数と広さが関係しているということを認識し，それらの割合（人数÷広さ，もしくは広さ÷人数）を見ようとし始める。

子どもが成長していく過程で，一つの変量を他の変量に関連付けて捉えようとする見方を体験していくことが関数的な見方・考え方を培っていく学びだと考えると，「混み具合」のようにいわゆる「異種の2量の割合」の学習場面では，異種の2量を関連付ける見方を育むことが大事になる。ただし，だからと言って「混み具合」の学習で，教師から一方的に人数と広さを示すような指導では意味がない。大事なことは，子どもが次のような段階を踏まえていくことである。

① 子ども自身が人数だけでは混み具合は判断できないと認識できる段階

② 混み具合を比べるためには人数と何を関連付ければよいか検討する段階

③ 混み具合を見るためには人数と広さの関係に着目すれば検討できそうだという見通しを持つ段階

④ 人数と広さの関係を，両者の割合という観点から整理する段階

つまり，「混み具合」の学習で，最初から問題場面として人数と広さという2種類の情報を与えるような授業では関数的な見方・考え方の芽を摘み取ってしまっているというこ

とである。あえて人数だけを示して混み具合を判断させ，「これではわからない」と言えることに価値があると考えなければならない。

それは，「速さ」の場合も同じである。これまで第6学年で扱われてきた「速さ」は，4月から実施される新学習指導要領では，第5学年の学習内容となる。「混み具合」同様に，いわゆる「単位量あたりの大きさ」（「異種の2量の割合」）の一つとしての扱いである。指導時期が1年早くなるということは，子どもに備わっている関数的な見方・考え方の程度やその指導という点で，現在の扱いとは変わってくる。特に，最初から教師が時間と道のりという2つの情報を提示するような授業では，速さを捉えるために必要な量を見いだす過程を奪ってしまう。子どもに関数的な見方・考え方を育む上で大事にしたいことは，速さには時間と道のりが関係しているということに子ども自身が気付くことである。だから，例えば短距離走の速さを教材として扱う場合，子どもに示すのは走った時間だけにして，それで速さを判断させるようにするのである。そして，「これではわからない，だって…」と言える子どもにしていくことが今まで以上に大事になる。

なお，教科書の記述を見ると，「混み具合」であれば人数と広さが，「速さ」であれば時間と道のりが予め示されているように見える。私の論と矛盾しているようであるが，そうではない。教科書は何を指導するのかということを端的に示した印刷物であり，子どもが関数的な見方・考え方を働かせた結果が表されていると解釈するべきである。

2 異種の2量の変化の規則性を捉える目

ところで，「混み具合」と「速さ」は，どちらも「異種の2量の割合」であるという点では同じだが，大きな違いがある。「混み具合」で表される人数と広さの割合は同じ数値の関係であれば時間や場所が異なっても等質と見なすことができる。一方，「速さ」は時間と道のりの瞬間的な割合を表したものであり，たとえ同じ人物が走っていたとしても別の瞬間の速さは変わっている。算数で扱われる速さの問題場面は，速さを理想化して常に等速で動くとしたならばと仮定した世界の話として設定されている。それは作られた比例の世界であり，空想の世界と言っても過言ではない。

関数的な見方・考え方を育む上で，異種の2量の変化の規則性を「仮定して作られたもの」なのか，「確実に規則性が存在するもの」なのかという判断を子ども自身ができるようになることも大事にしたいものである。そのため，例えば中学年のかけ算指導で次のような場面を扱うのも効果的だと考える。

「3mの木の棒があります。そのうち1mを切って重さを量ったら245gありました。もとの木の重さは何gだったのでしょうか」

答えは「分からない」，いや「分かるはずがない」である。重さが長さに比例する根拠がないからである。「太さも質量も同じ木で比例が成立するならば」という理想化した世界を子どもに強いる前に，2量が関連しない事実を見い出すことや本当に関係のある2量を抽出することを体験し，それらを比較することにこそ関数の考えの本質があると考えたい。

「同種の2量の割合」と関数の考え

同じ状態を見せることで，比例関係を認める

東京学芸大学附属小金井学校　加固希支男

1 同種の2量の割合における比例の重要性

同種の2量の割合を学習する上では，基準量と比較量の比例関係を見せ，2量の数量の関係を表している数値に普遍性がある（結果ではなく，質を表している）ことを理解していくことが重要である。

田端（2017）は，次の図のような数直線を

①成功した回数が投げた回数の何倍かを求めて比較する。
　※この段階ではもとにする10回と8回の大きさをそろえる意識はない。

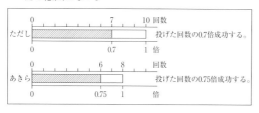

②それぞれの1回あたり何回成功しているかを求めて上手さを比較する。

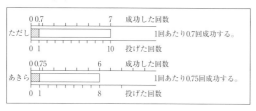

③それぞれの投げた回数の10回と8回を1とみて（そろえて）比較する。

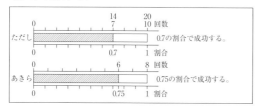

使って，①から③のように変えていくことが重要であると述べている。比較量÷基準量の商が表す倍の数値の大小比較を考えているだけの状態は①の数直線のようになっていて，①の数直線を基準量を1に揃える③のような数直線に変えることで，倍を使って比べていることの理解が促されるとしている。

よって，割合の導入では，「基準量が違うけれど，1に揃えている」ということを，どのように子供にイメージさせるのかが大切であり，その結果，基準量と比較量に比例関係があることが認められていくと考える。

2 普遍性を認めるための比例関係

同種の2量の割合において，基準量と比較量の2量の数値の関係を表している数値に普遍性があることを理解するとは，バスケットボールのフリースローを10本中7本決められる人は，20本打てば14本，30本打てば21本決められる人だと見るということである。この時，7÷10＝0.7と出した商の数値が，その人のフリースローの上手さを表す普遍性がある数値になるということである。「いつも，打った本数を1とした時に，0.7だけ入る人」と見るということである。そのためには，基準量と比較量の間に比例関係を認める必要がある。基準量と比較量の間に比例関係が存在

30

する事象もあれば，比例関係を仮定しなければならない事象もある。バスケットボールのフリースローの上手さを表した数値に関しては，打った本数（基準量）と入った本数（比較量）に比例関係を仮定することで，上手さを表した数値に普遍性をもたせることができる。実際にはその通りにならなくても，「もし基準量と比較量が比例するのであれば」と考えるのである。

③ 同じ状態を見せるための展開案

高橋・田端・市川（2014）をはじめ，同種の2量の割合において，同じ状態を作ることで，基準量と比較量の比例関係を顕在化する実践は多く行われている。導入から比較する場面にするよりも，同じ状態を作ることで，基準量と比較量の比例関係を見せやすくなる。

同じ状態を子供に作らせるのか，教師が提示した状態を比べさせるのか，どちらがよいかの議論はここでは割愛するが，大事なことは，同じ状態を見せることで，基準量と比較量に比例関係があることに気付かせ，基準量と比較量の関係を表す数値に普遍性があることを理解することである。

新学習指導要領の同種の2量の割合の導入は4年生である。よって，同じ状態をどのように4年生に提示していくかを考えていく必要がある。ここでは，小数の倍を学習した後に，簡単な場合についての割合を行うことを想定する。なぜなら，市販されているゴムの伸び率は小数倍のことが多いため，小数の倍を学習した後に行った方が，実物のゴムを伸ばして確かめやすいからである。

まず平ゴムを見せ，「このゴムは，いつでもどのぐらいのびるゴムと言える？」と問いかける。そして，「このゴムを10cm切り取って伸ばすと24cmに伸びました。では，このゴム20cm切り取って伸ばすと，何cmに伸びるでしょうか」と問う。

10cmが24cmに伸びることを根拠に，20cmのゴムが34cmに伸びる（差が同じ）という答えと，48cmに伸びる（倍が同じ）という答えが出ると予想される。実際に伸ばして48cmになることを確かめ，「いつでも2.4倍に伸びるゴム」ということ共有し，伸びる前の長さ（基準量）と伸びた後の長さ（比較量）の関係を表した2.4倍という数値に普遍性を認めるのである。

「いつでも2.4倍に伸びるゴム」という普遍性を認めた上で，基準量と比較量を見返すと，2量の間に比例関係が認めやすくなる。

④ 結語

同種の2量の割合は，基準量と比較量の関係を表した数値に普遍性を認めることが重要である。そのためには，基準量と比較量に比例関係があることを，どのように授業で見せるのかを考えるのである。

【参考文献】
高橋丈夫・田端輝彦・市川啓（2014）．「割合の導入時における比例関係の顕在化に関する一考察」，日本数学教育学会誌，第96巻，第4号．
東京学芸大学数学科教育学研究室（2017）．「田端輝彦教授と中村享史教授の対談：割合の指導の改善に思いを寄せて」，学芸大数学教育研究（29）．pp.21-29.
市川啓（2019）．新版算数科教育研究，算数科教育学研究会編，東洋館出版社．pp.130-136.

「比例・反比例」と関数の考え

式やグラフに表現する過程で
関数の考えを広げていく

中田寿幸

1 関数の考え

関数の考えとして，次の４つが大切になる。

① 問題解決に向けての，２つの数量間の依存関係に着目する。

② 問題解決に向けて，伴って変わる２つの数量の間の変化の様子を表に表して追跡する。

③ 問題解決に向けて，伴って変わる２つの数量の対応や変化のきまりを見つける。

④ 問題を解決する過程で，２つの数量間の関係を捉えやすくするために式やグラフに表現する。

この関数の考えをさらに広げてみていけるように６年の「比例・反比例」の単元は位置付けられていると考えられる。

2 関数の考えを広げていく6年「比例・反比例」の導入の授業

６年で新しく学ぶ内容としては比例の関係をグラフに表現していくことと，式を文字を使って$y = a \times x$の形で表していくことである。

６年の「比例・反比例」の導入で，積まれた紙の枚数を１枚ずつ数えることなしに，比例関係を使っておおよその数を求めていく活動がある。

(1) 問題解決のために，依存関係にある2つの数量を見いだす

１枚ずつ数える活動は授業後の追究活動に残しておくとして，ここでは問題解決の方法からははずして考えるように指示する。数える方法を取り上げられた子どもたちは紙の枚数は紙の厚さや重さに比例していることを使えば，だいたいの数は求められることを見いだしていく。

４年で伴って変わる数を学習し，その中でも簡単な比例を５年で学習してきている子どもたちにとって，比例の言葉も使えるし，比例関係については，かけ算，わり算の学習では比例が前提で問題解決を進めてきている。紙の枚数が，紙の厚さや重さに比例していることを見いだすことはそれほど難しいことではない。

(2) 2つの数量の関係を調べていく中で，変化の様子が表にまとまっていく

子どもたちは，重さを秤で，厚さを定規で測っていく。しかし，うまく測っていくことができない。１枚の重さ，１枚の厚さを秤や定規で測りとるのは無理である。そこで，10枚，100枚のときの重さ，暑さを測っていくアイデアが出される。これによって，いつも１から何倍になっているのかを考えるのでは

なく，10や100など表の途中からでも「一方の数量がm倍ならば，他方の数量もm倍になる」ことを見いだして問題を解決していくことができる。

この変化を調べていく過程で表ができあがっていく。

（3）対応のきまりを見いだしていくことで式に表現していく

変化ではなく，対応で問題解決を図ろうとする子どもは2つの関係を式で表していく。10枚や100枚をもとにして，式をつくっていくこともできるが，やはり1枚の重さや厚さを「決まった数」にして式をつくっていく方がいつでも使える式となっていく。測定では求めることができない1枚当たりの重さや厚さを計算で求めながら式をつくっていくのである。

（4）2つの数量の関係をグラフに表していく

紙の枚数は分離量なので，直線で表すことは本来できない。しかし，紙の半分を0.5枚，紙の1/10を0.1枚のように考えていけば，小数の世界でも同様に比例していることがわかる。すると整数の間の数ができていき，グラフを直線で結ぶこともできる。さらには0と結んでいいかどうかも問題になる。0枚のときは重さも厚さも0であることは明らかであるが，その0と1を直線で結んでいいかどうか。これも実際には測ることのできない0.1枚，0.01枚と考えれば結ぶことができることが納得できる。

実際の授業ではグラフに表す必然性がないので，この場面でグラフまで作ることはしな

かった。

しかし，単元の学習が進む中で，1時間目に学習した紙の枚数と重さ，厚さの関係も直線のグラフに表せると振り返って取り組ませたことがある。分離量，連続量などという言葉は教えなくても，子どもはその違いを捉え，しかし，どちらも変化を捉えると考えれば直線で結ぶことができると統合していくことができた。

なお，①の①から④，②の（1）から（4）はおおよそ対応していくが，そのままそっくり対応していくものではない。

③ 比例・反比例と似て非なる関数関係と比べる

2年のかけ算のときからすでに比例を前提に考えてきた。4年で伴って変わる2つの数量を学習し，そこから5年で簡単な比例にスポットをあて，6年でさらに比例を深めていく。その比例を深めていくために似て非なるものとして反比例の存在を知る。ならば，比例・反比例の理解を深めるためには，さらに別の比例・反比例に似て非なるものも学習していくことがもっとあってもよいと考えている。それはきまりを見いだし式に表していくことはできないかもしれない。しかし，逆に表を作って，グラフに表す必然性は出てくる。

正三角形，正方形の数とマッチ棒の数のような一次関数，正方形の一辺の長さと面積の2次関数など，比例・反比例に似て非なる関数関係と比べることで，比例・反比例の理解が深まっていくと考えている。

日常生活に生きる「関数の考え」の育成

北海道教育大学附属札幌小学校　瀧ヶ平悠史

1 「関数の考え」と「D　データの活用」

「D　データの活用」では，統計的探究プロセスと呼ばれる，P（問題），P（計画），D（データ），A（分析），C（結論）の一連のサイクルを通した学びを大切にしている。本稿では，このプロセスのどこで「関数の考え」が働き，どのように問題解決活動に生かされていくのかを考えていく。

まず，前提として「Dデータの活用」で取り扱うデータは，基本的に児童が数式に表せる関数（例えば，$y=a-x$、$y=ax$）を対象としてはいない。比例に代表されるような，一定の規則性で変化する関数を対象にした統計的探究プロセスは位置付いていないのである。

一方で，「関数の考え」とは，「ある一つの数量を調べようとするとき，それと関係の深い数量を捉え，それらの数量との間に成り立つ関係を明らかにし，その関係を利用しようとする考え方」（文部省，1976）である。つまり，関数そのものの内容を指導していくこととは本質的に異なる。

こうしたことから，「D　データの活用」では，一定の規則性で変化する関数を前提としないデータを対象に，依存関係がありそうな二変量に着目し（D：データ及びA：分析），それを利用して結論を導いていく

（C：結論）過程に，「関数の考え」が働く場を見いだすことができる。

2 傾向を見る

折れ線グラフについては，関数的な関係を表すことに関しては第4学年の「C変化と関係」，下図のような時間の経過に伴って，データがどのように変化するかを表すことに関しては「Dデータの活用」に位置付いている。

このグラフは，気温を予測する目的で，「気温が時間に伴って一定の規則性で変化しそうだ」という予想を基に，各時刻の気温を記録して作成されたものである。これを見ると，ある日のこの地点での8時〜13時までの時間と気温は，おおよそ比例関係と見なすことができる。そこで，この傾向に着目し，次の日，8時の気温の測定結果（16℃）を基に，13時の気温を31℃と予想したとする。

しかし，実際には右に示すグラフのように，前日よりも気温上昇が緩やかであった。これは，前日との条件の違いから「天候」が影響していると考えることができる。こうした分析結果を

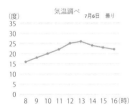

基にすると，この時期，この地点での晴れ，曇りの日の気温変化の大体を予想していくことができる。（当然，実際の気温を正確に予測するには，他にも複数の条件を複合的に考える必要がある。）

こうしたD（データ）〜C（結論）の一連の活動は，平成29年告示学習指導要領解説算数編に「折れ線グラフに表したり読み取ったりすることは関数的な関係を捉えることにも通じるため『変化と関係』の学習にも関連する。」（文部科学省，2018）とあるように，「関数の考え」育成の観点から重要な位置付けとなる。

また，上記のような生データを基に，ある二量の関係を比例と「見なし」て傾向を捉えていく見方は，実際の事象を理想化したうえで数学を活用していく，数学的モデリングの活動にもつながっていく。更に，天候との関係を考える活動は理科の学習内容とも大きく関連してくる。カリキュラムマネジメントの観点から，こうした算数・理科の合科的扱いによってよりオーセンティックな学びを実現し，日常生活に「関数の考え」を生かすことへとつなげていくことは，今後，統計教育として大切にしていきたい点である。

3 関係付けて見る

では，統計的探究プロセス（PPDAC）のP（問題）〜P（計画）の過程では，「関数の考え」が働くことはないのだろうか。

中島（2015）が，「『関数の考え』の本質とは，『一つのもの』を『ほかのもの』と関係づけてみようとすること」と述べているように，「関数の考え」を指導する上で最も大切にしたいのは，二つの数量に着目し，それを関係付けて見る態度である。P（問題）〜P（計画）の過程では，こうした見方の素地的な指導の位置付けを見いだすことができる。

例えば，「学校でのケガを減らす」目的で，保健室で集められたデータを用いる二次元表を扱う学習がある。こうした学習において，「場所」「時間帯」「学年」「組」「性別」「部位」「曜日」「年月日」「程度」「発生時刻」など，様々な項目を見て，目的に合わせて児童が自分で分析したい観点を定めたり（P：問題），どの項目を用いるかを決めたり（P：計画）する活動を位置付けていくのである。

上記の項目はいずれも変量ではないが，こうした質的データの関係を考えていくことは，目的のために何らかのデータ間の関係に着目しようとする態度を育み，「関数の考え」の素地指導へとつながっていく。

このような立場に立てば，「D　データの活用」では，いずれの学習内容においても，目的のために，そもそもどういったデータ項目に着目するかを考えさせることが，「関数の考え」の素地指導として重要になると言える。こうした活動を繰り返すことが，問題解決のために必要な二量に着目して考える態度を育成することにつながっていくと考える。

【引用・参考文献】
清水美憲・齊藤一弥 編著（2017）. 平成29年版小学校新学習指導要領ポイント総整理 算数. 東洋館出版社.
中島健三（2015）. 復刻版 算数・数学教育と数学的な考え方 その進展のための考察. 東洋館出版社.
文部科学省（2018）. 小学校学習指導要領解説算数編. 日本文教出版.
文部省（1973）. 関数の考えの指導. 東京書籍.

2つの事柄の間にある関係を見出す力を育てるための指導

見えていなかった2つ目の変数が見えるように授業を構成する

森本隆史

1 関数の考えを育むために

　子どもたちに関数の考えを育むときに，教師が意識しておきたいことがある。

> （1）子どもが2つの変数をみつけること
> （2）子どもが2つの変数に依存関係があるかどうかを考えること
> （3）子どもが2つの関係からわかったことを使って問題解決をするということ

　ふと教科書を開いてみると，子どもたちにみつけさせたい変数が，はじめから2つ示されていることが多い。

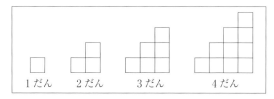

1だん　　2だん　　3だん　　4だん

　上のように図が示され，「だんの数」と「周りの長さ」の関係を表に表したり，どんなきまりがあるのかを考えたりするというものである。

　このように，2つの量の変わり方について学ぶスタイルがあっても勿論よい。しかし，このような問題にだけ取り組んでいては，与えられている問題に答えているだけで終わってしまい，関数の考えを育むことにはつながっていかない。上の（1）に示したように，

本来は，子どもが2つの変数をみつけることが大切である。

　今回のタイトルにある「2つの事柄の間にある関係を見出す力」を育むためには，当たり前のことだが，子どもたちが2つの事柄の間にある関係を見出す経験が必要となる。しかし，前述したように，教科書にははじめからその2つの量が示されていることが多い。授業者は授業を構成するときに，変数Aと変数Bが関係していることを，子どもたちが見つけ出すことを大切にする必要がある。

　そして，（2）で示したように，2つの変数が依存関係にあるかどうかを考える場を与えることも重要である。さらには，（3）のように，2つの変数の関係からわかったきまりを使って，問題を解決するというところまで，授業で考えることができるようにしていく必要がある。

2 実践例　4年　ともなって変わる量

　右のように，縦の長さが3cm，横の長さが1cmの長方形を示し，この長方形の周りの長さが何cmになるのかについて考える。周りの長さは8cmだと，子どもたちはすぐにわかる。

1cm

3cm

　次に，長方形の数を2つにする。この2つ

の長方形の辺と辺をくっつけて，いろいろな形を作ったとき，周りの長さが何cmになるのかを調べてみようと，子どもたちに問いかける。このとき，下に示したようにルールを

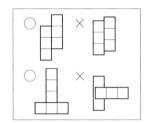

作った。辺と辺をくっつけるとき，図の左2つのようにマスがずれないようにする。図の右2つに示したようにマスがずれたり，長方形の面と面を重ねたりすることはしないというルールである。

　子どもたちには，2つの事柄の間にある関係を見出してほしいのである。1つ目の変数は「周りの長さ」である。しかし，この時点ではもう1つの変数は示されていない。左ページ（1）に示したように，子どもたちが2つの変数をみつけることが重要である。

　子どもたちは，2つの長方形をくっつけていくつかの形を作り，周りの長さを求めていった。子どもたちは「周りの長さが10cmになる形を作ったよ」「ぼくが作った形は14cm」「わたしは12cmになる形ができたよ」などと，自分の作った形の周りの長さを発表し始めた。

　この場合，周りの長さが14cmになる形が一番多く作れる。わたしは，子どもたちが作った周りの長さが14cmになる形を黒板に貼っていった。子どもたちに2つ目の変数に気付いてほしいからである。子どもたちが貼った形の周りの長さが本当に14cmになるのか，ていねいに確認していった。

　多くの子どもたちは，右のように貼ら

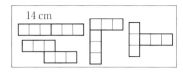

れた形を見て「気付いたことがある」と言い始めた。そして，「周りの長さが14cmになるときは，辺が1cm分くっついている」ということを発見したのである。2つ目の変数は長方形と長方形の辺がくっついている長さである。この変数は，子どもたちにははじめから見えてはいない。子どもたちがこの変数を見つけることに価値がある。

　しかし，このまま素直にこの発見を喜ぶわけにはいかない。左ページ（2）で示したように，そこに依存関係があるのかどうか，演繹的に考えていくことも必要である。

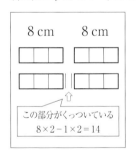

この部分がくっついている
$8 \times 2 - 1 \times 2 = 14$

　2つの長方形を切り離すと，8cmが2つ分あるので合計で16cmとなる。しかし，1cmくっついているということは1cmずつ周りの長さに含まれなくなるということである。子どもたちはそのことについて，納得のいくまで説明していった。そして，2つの変数に依存関係があることがわかった。

　最後に右のように，AとBを見せて，それぞれの周りの長さが何

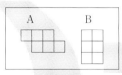

cmになるのか子どもたちに問うた。くっついている長さが，Aは2cm，Bは3cmということを使って，子どもたちはそれぞれの周りの長さを求めていった。

2つの事柄の間にある関係の特徴を表現する力を育てるための指導

「式」「表」「図」など，それぞれの表現方法を関連付ける

暁星小学校　山本大貴

1 はじめに

　関数の考えを育むために，次の3つのことを大切にしている。まず2量の依存関係に着目できること。次に，その2つの事柄の変化や対応の特徴を調べ，その関係を式や表などに表現できること。そして，その特徴を様々な問題解決に活用できること。

　2つの事柄にある依存関係に着目した後，その特徴を表現する方法として，「言葉」「図」「表」「式」「グラフ」などが挙げられる。しかし，教師側から「□と○の関係式を答えなさい」や「表やグラフに表しましょう」と投げかけていることが多いのではないだろうか。何のために式や表に表すのかが伝わらなければ，自らそれを活用する子には育たない。それぞれの表現方法を関連付けていき，よさを伝える指導が大切である。

2 「図」「表」「式」を関連付ける

　4年生の「変わり方」の単元で，次の問題を扱った。

問題
　1辺が1cmの正三角形を図のように並べていきます。

正三角形が20個のとき……。

　問題文を途中で止めて，この続きを子どもたちに考えてもらった。すると，2つの意見が挙がった。

---
① 周りの長さは，何cmですか。
② 使用した（マッチ）棒の数は，何本ですか。

　このように，まずは関係しそうな2量に目を向けさせることが大切である。

　その後，①から順に考えていくと，前時までの学習を生かして，「表にしてみよう」という声が聞こえた。

正三角形の数	1	2	3	4	5	……
周りの長さ	3	4	5	6	7	……

　途中まで表を完成させていくと，「きまりがわかった」と口々に言い出していた。そのきまりを発表してもらうと，

「横に見ると，1ずつ増えている」
「縦に見ると2増えている」

という2つの意見が挙がった。そして，20個のときを考えるには，表を横に見て1ずつ増やしていくよりも，縦に見て「+2」をする方が「20+2=22cm」と，簡単であると感じていた。対応のきまり「正三角形の数+2=周りの長さ」を見つけることができれば，どんな数の場合でも答えを導き出すことができる。しかし，表から式を導き出して終わりにするのではなく，その式の意味を考えさせ

たい。では，「＋2」とは何だろうか。

子どもたちに問い返すと，次のように説明してくれた。

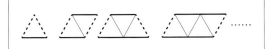

> 正三角形の一番下の辺（太線部分）は，必ずどれも使っているから，正三角形の個数分ある。そして，それ以外の左右の辺（点線部分）がいつも2つあるから，正三角形の個数＋2で求められる。

このように，「表」から「式」，「式」から「図」を関連付けていくことで，より理解を深めることができた。

次の時間は，②について考えた。前時と同様に，まずは表に表してみた。

正三角形の数	1	2	3	4	5	……
マッチ棒の数	3	5	7	9	11	……

「正三角形が1個増えると，マッチ棒の数は2個増える」という変化のきまりには，どの児童も気がついていた。しかし，表を縦に見る対応のきまりが分からずに悩んでいる子が多数いた。「20までだから，表を書いていけば分かるよ」という子もいたが，「もっと大きな数になったら，大変だから」と，式にするよさを話し合っていた。

そこで，変化のきまり「＋2」を，図を使って表現してもらった。

上図の太線部分が「＋2」であることは理解できいていたので，「正三角形が4個のときは，2がいくつ増えたの？」と尋ねた。す

ると「2×3」と答え，「2が（正三角形の数－1）」になっていることに気がついた。また，その「－1」は，最初の三角形であることも図を用いて説明してくれた。そして，20個のときは，「3＋2×（20－1）＝41本」と，式を用いて導き出すことができた。

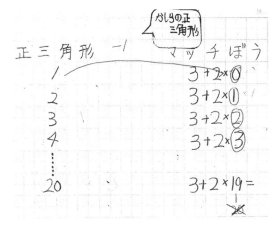

この時間では，表から式にすることができなかったため，図に戻ることで，式に繋げることができた。

3 最後に

本実践の学習感想に以下のような疑問を書いている子がいた。

> ひとつぎ問に思っていることは
> ◇◇◇…はどうやって求めるのか
> ということです。

同じように，自分で「図」「表」「式」を関連付けて考えてみるように促すと，次の日，「はじめの5本から，7本ずつ増えている」と，嬉しそうにノートを見せてくれた。

このように，子どもたちの関数の考えを育むためには，一つの表現方法で終わりにするのではなく，他の表現方法と結びつけることを意識していくことが大切である。

2つの事柄の間にある関係を
問題解決に生かす力を育てるための指導

試行錯誤を大切に

成城学園初等学校　高橋　丈夫

1 はじめに

　高学年になっても，問題解決の際に関数の考えを使えない子が多く見受けられる，という話を聞く。依存関係や因果関係を見出し，それをうまく問題解決に生かせるようにするためには，どんなことを，低学年から心がけるべきなのだろうか。

　「関数の考え」について，子ども達が，意識するのは，一般には4年生の「変わり方調べ」であろう。表に整理されている数対から2つの数量間にあるきまりを見出し，問題を解決していく。今までの学習と少し趣の異なる，「きまり見つけ」に，子どもたちは目を輝かせて取り組む。そして，「関数の考え」で大切なことが，あたかも「きまりを見つけることのみ」のように，子ども達にも先生方にもとらえられていくのではないだろうか？

2 「関数の考え」の本質とは

「関数の考え」の本質は，中島氏が，「算数・数学教育と数学的な考え方」で述べられているように，「科学的精神」と深く関係がある。つまり，問題となっている，未知の数量を既知の数量となんとか関連づけて，問題解決に役立てるために表現しようとするところにある。そして，関連付けが望ましいかどうかを考えていく際に，ラッセルが，「Relational and Functional Thinking in Mathematics」の中で述べていたように，順序を考えて並べてみたり（order），同じ集合（class）として考えた数量間の変化の関係を考察したり（variable），関係がありそうな集合どうしの要素間の対応を考えてみたり（correspondence）することが行われる。

3 低学年での指導　いくつといくつ

　ここでは，「低学年の時から」，これをキーワードに考えてみたい。4年生の「変わり方調べ」で，「きまり」への意識が高まることを考えると，低学年では，「独立変数」と「従属変数」への意識を少しでも持たせられたらよいのではないだろうか。

　以前，CMで日本の計算指導と海外の計算指導の話題が流れたことがある。記憶は定かではないが，一位数たす一位数の場面であったように思う。

〈日本〉
3＋5＝

〈外国〉
□＋△＝8

　この場面，「関数の考え」の素地指導として，どうだろう？「3と5で8」，「2と6で8」，「4と4で8」などの子どもとのやりとりをした後，1年生に「いくつといくつで8ってたくさんあるんだね」と同意を求めると，多くの場合で，「そ

うだよ，もっとあるよ」とか「反対もあるよ」等々の発言があるだろう。そこで，「そうなんだね，じゃあ教えてくれるかな」と続けると，子ども達から，和が8になるたし算が沢山出されるであろう。そのうち，反応が重複するようになる。この時，重複していることを指摘するのではなく，子ども達から指摘が出るまで少し待つようにする。何回かこのやりとりをすると，「もうないよ」や「全部だよ」等の発言が出てくるであろう。そこで，「どうしてそう思うの」と問うと，「だって，全部言ったから」や「同じのしか出てこないから」等の発言に混ざって，「だって1＋，2＋，3＋……」等の順序だてて考察した意見が出されるはずである。この経験を受けて，「『○と□で9』を探そう」を課題にする。すると，独立変数を順序だてて設定しながら，和一定のきまりや－1ずつ従属変数が変化していることに着目しつつ，落ちや重なりを排除し，問題解決に至るという，関数の考えの素地に培う経験となるはずである。

　「ゆうきさんは，妹にあめを8こあげたので，残りが5こになりました。はじめにゆうきさんが持っていたあめの数はいくつでしょう」のような課題はどうだろう。

　「関数の考え」の育成を考えるのなら，素朴な発想を大切にしたい。「もし最初に□こ持っていたら」という試行錯誤につながる発想を大切にしたいのである。行き当たりばったりでも，適当でも，その子なりに思うところがあるから，その数値を選んだはずである。「はじめに1こ持っていたとしたら」の発言があったら，即座に「8こあげられないよ」

との反応があるであろう。そこで，初めの数が8より大きいことや，数量の関係が明らかになる。（仮に，それが1個でなく，10個や11個でも，数量関係が明らかになるという意味では，やはり大切な反応である。）じゃあ，9個だったら？　と続けると，「残りは1個」と，「なるほど」と相槌をうちつつ，10個だったら，と続ける。「残りは2個」の反応があるはずである。持っていた数を1ずつ増やしていくと，そのうち「わかった」の反応があるはずである。何に気づいたのか，どうして気づいたのかを聞いていくことで関数の考えの素地に培うことができるはずである。未知数を求める際に，変数的に試行錯誤できるよう，工夫していくことが，大切だと考える。

4 まとめ

　関数の考えを含む数学的な考え方の育成にあたって大切なのは，「科学的精神」の発露としての，「なんとかしたい」「なんとかせずにはいられない」という心の動きである。この心の動きと活動との間にあるのが，「失敗は成功の母」に代表されるチャレンジスピリッツではないだろうか。自分なりの根拠をもって，直面する問題，つまり未知の状況に対して関係すると考える既知の引き出しを開けるのである。この対応づけや関連付けを経験することこそが，関数の考えを育成する上で大切な一歩だと考える。この大事な一歩を見逃さないためには，一に教材研究，二に教材研究，三四がなくて，五に聞く耳なのではないだろうか。ちなみに五の聞く耳は「謙虚さ」と言い換えてもよいかもしれない。

小学校と中学校の関連を理解することで充実する関数の指導

筑波大学附属中学校　小石沢勝之

1 はじめに

本稿では，中学校「関数」領域の概要と小学校「変化と関係」との関連を述べ，小学校と中学校の関連を理解することで充実する関数の指導の事例について検討する。

2 中学校「関数」領域との関連と違い

今回の学習指導要領の改訂を受けて，小学校算数科では領域の再編が図られ，関数に関わる主たる内容が上学年の「変化と関係」で扱われることになった。これによって，中学校「関数」領域と内容の系統性や発展性の接続が明確化し，小学校と中学校の先生方がお互いの指導内容や育成すべき資質・能力を理解することによって，さらに充実した「関数の考え」を育むことが可能になったと考えられる。小学校の学習指導要領解説では，事象の変化や関係を捉えること，二つの数量の関係を考察すること，変化と対応から事象を考察することに係る数学的活動の充実化が要請されているが，そこで育まれる「関数の考え」は中学校の関数領域での学びにつながるものであり，さらには前述の数学的活動は中学校においても同様に重視されている。

小学校と中学校の違いは，変域に負の数が含まれること，グラフを座標平面上にかくこと，文字を用いた式によって関数を表現し考察することであり，扱う関数は比例・反比例だけでなく，一次関数や $y=ax^2$ にまで拡張される。特に，第一学年においては，関数関係の意味を扱い，算数で学んだ比例・反比例を「関数」として捉え直す。表，式，グラフの各々で考察していた特徴について，文字を用いた式 $y=ax$，$y=\dfrac{a}{x}$ によって定義され，式に基づいて考察する。表，式，グラフの相互関係を大切にし，反比例については式を基に曲線のグラフをかくことになり，座標を理解することも明確な違いである。

3 算数の学びを生かした事例

中学校では，生徒自身で互いに関係していると思われる数量を自由に取り出し，問題の解決に利用することを大切にしたいと考え，次のような導入課題を扱うことがある。

課題：1辺が1の正方形を階段状に並べる。

（1）階段の段数が増えると，それに伴って変わる数量をできるだけたくさん見つけなさい。

（2）階段の段数を x，見つけた数量を y として，y を x の式で表しなさい。

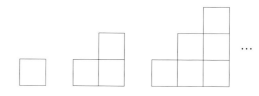

　生徒自身で変化する数量を考え，①階段の高さ，②周りの長さ，③頂点の数，④内角の和，⑤正方形の数（面積）など様々な数量を取り出し，式に表す。式に表すためには，表にまとめることが必要になる。① $y=x$，② $y=4x$ などは，表にせずとも式が求められる生徒がいるかもしれないが，表，式，グラフの相互関係は大切であるので，導入の段階では丁寧に指導することが多い。⑤は $y=\frac{1}{2}x^2+\frac{1}{2}x$ となり，このようなものを扱うかどうかは生徒の実態による。この式をすぐに求められる生徒は少ないが，例えば，表をもとにすると，どのような見方をすれば式をつくることができるか，生徒の発想を引き出せるように展開したい。

②

x	1	2	3	4	5	…
y	4	8	12	16	20	…

（×4ずつ）

⑤

x	1	2	3	4	5	…	x	$x+1$
y	1	3	6	10	15	…	y	

（×，÷2）

⑤

x	1	2	3	4	5	…	x	
y	1	3	6	10	15	…	y	$\times\frac{x+1}{2}$

（$\times\frac{2}{2}$, $\times\frac{3}{2}$, $\times\frac{4}{2}$）

　中学校でこのような教材を扱うときに，小学校での学びはどう関連するのであろうか。伴って変わる2つの数量の変化や対応の様子を調べる際に，表を用いた考察を中学生が自然に行うのは，小学校での学びが大きい。そこでの表の見方は，「一方が2倍，3倍……になれば，他方も2倍，3倍……になる」という「変化」に基づく見方である。他方，中学校では，前述の表のように縦の関係に着目するような「対応」に基づく見方も大切にする。この「対応」に基づく見方が比例・反比例を式に基づいて定義することと密接に関連するからである。②では，x の値に対応する y の値はつねに x の値の4倍という決まりを見いだし，$y=4x$ とかける。小学校で「変化」に基づく見方を十分に学んでいるからこそ，「対応」による見方の違いが浮き彫りになるという長所を持つ。一方で，「変化」の見方に目が向きがちなために「対応」の見方に困難を生じることもある。例えば，下のような反比例の関係を問う問題に対して，横の変化の関係で見誤り，÷2と捉えた「3」や−6と捉えた「0」という誤答は中学校でよくみられるものである。

x	…	−1	0	1	2	3	…
y	…	−12		12	6	□	…

　このような状況が起こることを事前にお互いの先生方が理解することで，小学校では「対応」の見方にも留意した指導や，中学校では「変化」の見方に目が向きがちだからこそ，その誤答を授業に生かそうといった視点が生まれるのである。お互いの学習内容の関連について相互理解を大切にしながら，充実した関数領域の指導のための授業を構成していくことが望まれるであろう。

【参考文献】
文部科学省（2018）．「小学校学習指導要領解説算数編」．日本文教出版．
文部科学省（2018）．「中学校学習指導要領解説数学編」．日本文教出版．

高等学校における「関数」の指導

「関数を学習する意義」をどう伝えるか

筑波大学附属高等学校　山田研也

1 高校での関数の学習を始めるにあたって

　小中での学習を基盤として，高校では６種類の関数（有理整関数〔n 次関数〕，三角，指数，対数，分数，無理）を学習する。手始めとして「二次関数」の学習から入るのだが，その導入で３つの質問を生徒に投げかける。

① 「関数」とは何か

② 「関数」の例をあげよ

③ 「関数」の学習は何に役立つのか

　①については，「ただ１つに定まる」を忘れている生徒が若干いるが，概ね理解されている。

　②でよくみられるのが，「１個100円のりんごを x 個買ったときの代金が y 円」のような答え。ここでいろいろな例をあげられない生徒はたいてい③で答えに窮することとなる。「うちの高校の１年 x 組の人数 y 人」のような答えには「式で表せないじゃないか」といった反論が出る。「いや，①の定義にあってるよ」「あ，そっか」といったやりとりを通して，関数のイメージをまずは膨らませてもらう。

　③については，「２つの事柄の関係を明らかにする」とか「将来を予測する」等の意見が出る。前者に対して私は次のようなツッコミを入れる。「なるほど，確かにさっきのりんご

の問題は $y = 100x$ と表せて，x に12を代入すればりんご12個の値段がわかるな。でもこれ，別に関数として考えなくても，小学生だってできるんじゃないの？　グラフだって必要？」

　後者に対しても「例えばどんなことを予測したの？」と聞くと「うーん，いままでは特にやってないけどこれからきっとやるのかな…」という答え。関数とは何かを知っていても，関数やその考えのよさを知らない，という生徒が多く見られるというのが高校スタート段階の状況であるといえる。

2 「関数の考え」を利用した問題解決

　次に，「関数」は身近にあふれていて，問題解決のための有効なツールとなり得ることを知ってもらうため，次の課題にグループで取り組ませる。

> あなたは利益が伸び悩む学校近くの牛丼屋の店長。利益拡大の方策を考えよ。

　毎回実にさまざまな意見が出てくる。「従業員のリストラ」「ポスターをたくさん貼る」「サイドメニューを増やす」「割引サービス」…。数学嫌いの生徒も，「数学の問題よりよっぽどこういう問題の方が役に立つよね」等と話しながら喜々として取り組む。そこで私はこう切り出す。「実はこれ，全部関数の問題として考えることができないか？　例えば

リストラを考えたなら，従業員の人数を x（人），そのときの利益を y（円）とする。x を大きくするとたくさんのお客を捌けるかもしれないが人件費がかかって利益が減る。かといって小さくしすぎてもダメ。店長は y を最大化するための程よい x をいつも探してるんじゃないかな。ほら，これは立派な関数の問題だ！」生徒からは「広告費やサイドメニューの数，牛丼の値段を x にしても同じだ！」という声があがる。

そこでさらに新たな状況を設定する。

> この店では1個50円の卵が1日400個売れる。1円値上げ（値下げ）すると，売れる個数は4個減る（増える）。

1円，あるいは10円刻みで値段を変えながら売り上げを調べる生徒もいれば，文字で表そうとする生徒もいる。教科書では単元の後半に登場する問題であるので，この段階ではスムースにはいかないが，試行錯誤しながら売り上げを最大とする値段（75円）の見当をつける生徒はすぐに現れる（かつて筑波大学附属小学校の5年生にこの問題に取り組んでもらった際も，40分の授業時間内で十分に見当がつけられていた）。また，式で表すことができれば，中学校での既習事項（平方完成）を利用して，75円のときが最大となる根拠を述べることもできる。導入のまとめに，「世の中には関数の問題として考えることのできる事象があふれている。変数 y をなんとかしたい（最大に，最小に，500に……），そのためには変数 x をどうすればよいか，それを解決するための考え方や方法を学習していこう」として関数の学習に入っていくわけである。

ある。

3 小中で扱ってきてもらいたいこと

小中の学習は高校以降の学習のための準備という側面があり，だからこそ $y = 100x$ と式で表したり，そのグラフをかく練習をしたりするのであろうが，児童・生徒の側に立てば「式で表す，グラフをかくことによってよかったこと」を実感できないままにやらされている場面もあるのではなかろうか。私としてはそれらは必要が出た場面ではじめて教えればよく，そのかわりに次のような問題を小中で多く扱ってきてもらいたいと考えている。

> 半径10cmの円形の紙から扇形を切り抜き，それを側面とする円すい形の容器をつくる。

グループにそれぞれ紙とはさみ，セロテープを配り容器をつくらせる。もちろん最大の容積となったグループの勝ちである。小学校であれば，実際につくった容器において，飲み口の円の半径と深さを定規で測って容積を計算し，各グループの結果を中心角の大きさ順に黒板に書き並べる。変化の様子（増えて，減る）の面白さや，容積が最大となるときの中心角の意外な大きさ（約300度）に興味を持てば十分であろう。中学校であれば，中心角や深さを独立変数 x，容積を従属変数 y として y を x の式で表し，関数電卓や Excel などを利用して x を小刻みに変化させ，y の変化の様子を調べさせても面白い。

高等学校において微分法でこの問題は解決されるわけであるが，このような小中での多様な経験があってこそはじめて，関数やその考えを，ストーリー性をもって豊かに学べるのではないかと考えている。

今，読み返す。
復 刻 「関数を截る」

筑波大学附属小学校の刊行している教育誌『教育研究』。1972年8月号で，「関数を截る」を特集として取り上げている。算数部6人がそれぞれ選んだ1本を復刻掲載する。

『関数の指導における新しい意義』 中島健三

数学の現代化という「関数」の内容がより抽象化されて膨大に増えた時代に，「関数の考え」の指導のねらいの最重要として，「関数的なアイデアを用いて，ものごと（事象）を科学的に考察，処理しようとする精神の育成」を掲げたことに感銘を受けました。「精神の育成」。なんとも力強い言葉である。

（大野　桂）

『日常事象を関数的にとらえる機能的な力』 橋口晋

橋口先生は，最後に次のように述べられている。「式表示やパターン化の形式を急ぐと，折角の広い意味の関数的な素地が育たないのみか，算数ぎらいにしてしまう恐れがある」。橋口先生のお考えには，関数が重要なのは間違いないが，それを「子ども」という存在にどのように教えるか，という視点がある。私がこの論文を薦める理由はそこにある。　（盛山隆雄）

『関数を截る』 赤摂也

算数・数学教育で育てるべき3つの数学的能力という視点から，関数の指導の在り方を論じていらっしゃる。ある問題を解決するためには，状況を整理して数学的構造を作り，それを精密に分析し，一連の推理や操作を行う。その時に，関数の考えが有効に働くような指導を心がけたい。

（夏坂哲志）

『関数を截る』 杉岡司馬

授業人は実践を元に理論を学んでいく必要があると考えている。杉岡司馬氏の原稿はイメージできる実践を通して理論が語られていて説得力がある。逆にすぐには授業のイメージはつかないが、検討して実践してみて確かめてみたいと思える例もあげられている。自分が実践していることをイメージしながら関数について考えていける原稿となっている。　（中田寿幸）

『関数所感』 小西勇雄

「静中に動を察知し動中に静を捉えるのが関数的な見方である」という野村武衛先生の言葉とともに，算数における「関数的な見方は，既習の知識や技能を綜合的に活用するだけでなく，新しい数学的な概念や法則を生み出していく考え方」だという主張は，現代の算数においても新鮮であり，示唆に富む。

（山本良和）

『関数指導の問題点』 手島勝朗

「関数とは何か」という問いに対しては，一般に「決まれば決まる」というように表現されている。しかし，二つの量の「対応のきまり」を見出す以前の段階が充分に検討されないままに，関数関係を明らかにしようとする授業が多いことなど，今も課題として挙げられることについて手島氏が述べている。

（森本隆史）

46　復刻掲載にあたって，ご執筆された先生および相続人の方にご連絡をさせて頂きました。しかし，連絡先が不明の方もおられ，ご連絡のつかぬまま掲載させて頂いた論考もございます。本書をお読み頂きお心当たりのある方は，ご一報頂けますと幸いです。

『教育研究』関数を截る
（1972, vol.28, no.8）

復刻

関数の指導における新しい意義

東京学芸大学　中島健三
（執筆時）

「関数の指導」といっても，もちろん，小学校では特定の関数についての知識を教えることに主眼があるわけではなく，普通よくいわれるように，関数的な見方，教え方を育成することに重点があることはいうまでもない。

この関数の指導は，算数教育では，かなり古くから考えられてきていることであるが，これについて，どんな点に新しい意義を見い出し，重点をおことしているのか。これらをふまえて，関数指導のねらいをどこにおいたらよいのかを考えてみようというのが，ここでの主題である。

1 関数の新しい考え方について

新学習指導要領[※編注]で，「数量関係」の領域に新しく「関数」という項目が登場したことが，算数教育では，関数が新しい概念だということにほかならない。関数ということはなかったにしても，関数的な見方考え方が従来から重視されていたことは，周知のことである。

むしろ，この「新しい」ということを一般に次のような点に求めている傾向があるようにみられる。すなわち，関数という概念について，従来「変数 x が変わるにともなって変わるような y」があるとき，この y を x の関数といったのに対して，最近では，x を数に限定せず，集合 X の集合 Y への一意的写像，すなわち，$y=f(x)$ でいえば，この f にあたる規則があるとき，これを関数というようになってきていることである。

この立場は，いわば，関数というものの本質を，一意対応というところに求めて抽象しているわけで，これによって，より広い対象に関数概念を適応することができることは，よく指摘されている点である。変換なども含めて，f，g…などの関数というもの自体を要素とした集合を考察の対象とすることができる利点は別にしても，小・中学校の段階でその意味をとらえさせるのに，最近よく引用されるブラックボックスの考えが用いられることは見逃してはならない点であろう。すなわち，関数というのは，英語では function といわれるのが，この本来の「作用」とか「機能」とかの意味に立って，関数を自変数に対する「作用子」といった考えで考察するのに都合がよいわけである。（関数といっても，運動を表すときの「時間」のように自変数を一種の座標として用いることがおおいから，この作用子という見方がいつもわかりやすいアイデアというわけではない。）

この点は，たしかに新しいというのにふさわしいことがらを示唆している。新学習指導要領でも，こうした点もふまえて，第3学年において，関数の考えの基本として，二つの変量について，対応する数の組に目を向けていくことをとりあげている。（もちろん，こ

の学年ではじめて，こんなことが行われるわけではないし，いわゆる「順序対」の形で表現しなければならないというものではない。その本質として行きつくところがどこにあるかをよくおさえた指導が行われることを意図しているだけのものである。）

一方，関数という概念が，より抽象的な立場から考えられ，適応範囲が広くなったということは，数学的な立場からはそれなりの意義はあったにしても，そうした思考に関心を示す段階に達していないこどもに対しては，その心に訴えるような指導をすることがそれだけ困難であることを示していることにもなる。この点はじゅうぶん注意すべきことである。

たとえば，図形の対称移動や等積変形などは，この新しい関数または変換の考えに連なる内容として考察させることができるが，この際には，どんな一般的きまりによって，対応部分がつくり出されているかをこどものことばで明確に表現させてみるなど，適当な必要感と抵抗のある活動をさせるようにしたい。教師のひとりよがりのつまらないものとしてこどもにとらえることのないようにすることがぜひ必要である。

要は，関数の考えが目指す本質的なものにはずれないようにしなければならないが，関数的な関係をとらえて考察していこうという積極的な態度が次第に育成されることがだいじであり，このためには，こどもが関心をもち，感銘を与えられるとらえ方が必要であるということである。この意味で，新しい関数の考えが「対応」を基盤にしているということから，変数の「変化」を調べたりその特長をいったりすることが，本質的でないとして軽視するような考え方は論外で，こんな点で新しがり屋を発揮する必要はない。もちろん，関数の考え方が新しくなって「集合」を基盤にしていることから，底辺と高さの関係を調べようというときでも，それらをいちいち集合のことばでいいかえる事例に出会ったことがあるが，これもナンセンスなことである。

❷ 関数指導のねらいについて

関数の指導を数学教育において重視しようというのは，二十世紀初頭における数学教育改良運動以来のことである。この成果のまとめとして，一九二三年にアメリカで出された数学教育の再組織のための報告の中にもこの考えがよくうち出されており，関数的な思考（functional thinking）を数学教育における最も基本的な陶冶目標の一つとしてあげている。我が国でも，たとえば，小倉金之助などによって，これを数学教育の中核にして考えようとしたことは，よく知られているとおりである。

当時の関数観念に対する期待が，何に由来し，どんなところにあったかということについてここで詳しくのべることはできないが，この当時の考え方は，現在われわれが関数の指導を小・中学校で行おうとする場合においてもじゅうぶん参考にすべきことであると思う。微積分の発達が自然事象をとらえる有力な武器として発達したこと，しかも，この微積分自体が，数学者が宙に考えたものではなく，ニュートンなどによって，自然現象ととらえるために創り出されたものであることが，

関数の重視やその指導に強い影響を与えたことは確かであるが，なお，数学教育の立場から興味深いことは，関数をもって数学的な内容の統合概念として高く評価しようとしていたことである。

これらの点も考え，私は，次のような点に関数を指導する主要なねらいをおいて考えることは，極めて重要なことであると思う。

ア，関数的なアイデアを用いて，ものごと（事象）を科学的に考察，処理しようとする精神の育成

イ，数学的な各内容は，このような活動を通して創造されると考えてよいが，これらの内容の意味について，関数の考えに立つことによって，より深い理解が得られるようにすること，

われわれが，ものごとを考察しようとするとき，まず，基本的に行うことは，何か関係づけて考えようとすることである。「考える」ということ自体が，いくつかの概念を関係づけ，判断することにほかならない。「力を加えれば遠く回るだろうか。端のほうに力を加えたときと中心に近いところとでは，どうちがうだろうか。」このような見方は誰でもよくする人間の基本的な思考様式であり，やがて科学的な考え方として育てられるものにほかならないが，この中に関数の考えが潜んでおり，それが主役になっていることが容易にわかる。

また，数学で求めるものは一般的な法則であり方式である。それゆえに，関数的な見方に堪えるということができるだけでなく，そ

の根底に関数的なアイデアがあるということもできるのである。たとえば，面積の公式にしてもそうであるが，これを単に特定の数値の場合の計算公式とみるだけでなく，三角形の面積というものが，「底辺」と「高さ」という二つの量で（これらの関数として）決定されるということ，それが，底辺がきまっているときに，高さが2倍になれば面積も2倍になるという比例の関係であることを知ることは，公式の意味の理解において，極めて重要なことである。ここで比例の関係だということは，実は，乗法で表されているということの本質的な性格にすぎないのであって，関数の考えは，このような基本的な内容にすべて潜んでいるのである。

最後に，この立場から，関数の指導についての二，三の希望を重ねてあげておくことにする。

ア，広い分野，とくに理科でとりあげられることがらなどにも関心を向け，関数的な考えの芽ばえがどのような形で伸ばされていくかを研究の対象とすること。また，統計的な考察といっても，その根底に関数的な考えがあることに注意し，とりあげる素材や手法が，局限されないようにすること。

イ，算数における種々の公式はいうにおよばず，日常の指導内容全般にわたって，関数の考えから見直して，その意味がよく理解されるようにする。この観点から内容を統一的に考え，指導の能率化が図れるようにすること。

『教育研究』関数を截る
(1972, vol.28, no.8)

復刻

関数を截る

立教大学　赤　摂也
（執筆時）

1 算数・数学教育

　算数・数学教育が，数学的能力の育成を目的するものであるということはいうまでもない。しかし，本特集のテーマである「関数を截る」というような問題だけでなく，一般に，具体的な教育問題を考えていこうとする場合には，もう少しくわしくこの「数学的能力」というものを分析しておかなければならない。その教育問題の位置が明らかでなければ，その対策もまた明らかになるはずがないからである。

　いろいろの考え方・見方はあろうが，私は数学的能力を次の三条に要約することができると思う。

　(イ)　事実を整理し，これを理論的に表現する能力

　(ロ)　局面の数学モデルを作る能力

　(ハ)　数学的構造を分析していく能力

　以下，これらの条項について簡単に説明を加えよう。

2 理論的表現能力

　まず，「考えを整理し，これを理論的に表現する能力」というのは，まさに文字通りのことを意味する。すなわち，事実を理解し，それを何が主語で何が述語か，また種々の修飾辞がそれぞれ何にかかるのかが，一義的に読みとれるような一群の文として表現する能力ということである。

　このような能力を何故「数学的能力」の一環として加えるかを不審に思われる向きも多かろう。しかし，

現今，理論的という言葉と数学的という言葉とは，ほとんど同義のものになって来ている。数学という言葉の意味するところがはるかに広くなってきているのである。

　「正確な（理論的な）文章を書く」ということは大切なことだ。これに関し，ややもすれば「面白い文章づくり」「きれいな文章づくり」に走りがちな作文教育に対し，従来，いろいろの方面からきびしい批判が寄せられて来た。作文教育は「文学づきすぎている」というわけである。しかし私は，今後，算数・数学教育の関係者は，この批判に決して同調してはいけないと思う。現代の数学の観念からすれば，「論理的作文教育」はまさしく算数・数学教育の領分である。われわれこそなまけていはいけない。

　とはいえ，これが「国語」にかかわるものである以上，国語教育との協力なしで完全を期すことはなかなか難しい。両者の緊密な協力態勢づくりが急がれる所以である。

　さらに，この「事実を整理し，これを論理的に表現する能力は，あとでもふれるように，上の(ロ)の「局面の数学モデルを作る能力」の一つの基礎でもある。したがって，これの育成は，算数・数学教育の決して無視できない一環だということができるであろう。

3 数学モデルと数学的構造

　われわれ現代人の身辺におこるいろいろな具体的な問題を数学的に解決するには，どうしてもこれを「数学の問題」に変換しなければならない。たとえば，宇宙船を月に送るには，その動きを示す「微分方程式」という数学モデルを作らなければならない。また，何種類かの製品を作り，私益を最大にしようとするのには，まず，状況の制約を示す「連立不等式」という数学モデルを作らなくてはならない。

　このような能力，すなわち，状況を整理してこれを数学化するという能力が，「数学の世紀」といわれる現代にあって，必須のものであることは言うをまたな

い。その際，(イ)の「事実を整理し，論理的に表現する能力」が重要な役割を果すことはあきらかであろう。

また，数学内部にあっても，ある問題に直面した場合，必要な条項をえりわけ，一つの数学モデルを作ることは，避けることのできないプロセスである。したがって，この能力の育成は，算数・数学教育のかなめの一つであるといわなければならない。

ところで，このようにして作られた数学モデルは，すべて，いわゆる「数学的構造」の形をとる。微分方程式といい，連立不等式といい，すべて数学的構造の一種である。しかしながら，あたえられた問題は，数学的構造を作っただけで解けるわけではない。それを精密に分析し，一連の推理や操作を行ってはじめて答を出すことができるのである。たとえば，宇宙船の軌道を正確に出すには，微分方程式を解かなければならない。また，利益が最大になるように製品を作る仕方を知るには，その数学モデルである連立不等式に対し，線形計画法そのほかの手法を用いることができなければならない。既成の手法がなければ，そこで何らかの手段を講じなければならないだろう。したがって，種々の数学的構造の分析の仕方，処理の仕方に熟達することは，きわめて大切な能力である。

また，数学の諸理論は，すべて何がしかの数学的構造をその対象としている。それゆえ，このような能力は，もっとも重要な数学的能力だといってよかろう。

4 関数の考え

では，以上のような見地からして，算数教育における「関数」の指導はいかにあるべきであろうか。次に，右に述べた(イ)，(ロ)，(ハ)をふまえて考えてみることにしたい。

一般に，日常言語で用いられる主辞（体言ならびに主語になりうるもの）の中には，「関数主辞」ともいうべきものがある。たとえば，「お父さんの名前」「受持ちの先生」「住所」「年齢」「背番号」「値段」，より数学的なものでは「面積」「高さ」「逆数」「和」など

がそうである。これらは次のような共通点を持っている。

(1)　その上に，「何々の」という「所有」を示す形容辞をつけなれば，その指し示すものが定まらない。

(2)　逆に，そのような形容辞をつけさえすれば，その指し示すものが一意的に定まる。

実をいえば，これらの言葉は，すべて，それぞれ一つの関数（写像）を表すものなのである。したがって，このような主辞とそうでない主辞と区別させ認識させることは，(イ)や(ロ)の能力の開発に対して，きわめて重要な意味をもつであろう。ただし，各主辞が関数主辞であるかないかは，文脈にもよることを注意しなければならない。

もっとも，このような発言は，本来，数学的見地から再構成された国文法の体系を提示した上でなさなければならないものである。しかし，今は紙数の関係上，詳細ははぶかせて頂かざるをえない。だが，「正確な文章を書く」，あるいは「数学モデルを作る」上に，数学的に再構成された国文法の素養が役割を果すこと，ならびに，「集合」「関数」「問題」などの数学的基礎概念を定着させるために，国語の分析がきわめて有益であることは間違いのないところである。

それはさておき，──関数の概念を定着させるだけではなく，さらに進んで，関数を一つの「もの」としてとらえ，その「姿」を見る能力を育成するようにつとめることが望ましいと思う。そのためには，表やグラフを利用するのも一法であろう。たとえば，郵便料金表，九九の表，時間割，テレビ番組表などを関数表としてとらえさせること，また個々の関数につき，棒グラフや折れ線グラフなどを書かせることも有益であろう。周知のごとく，関数は数学的構造の基本的な材料に一つである。したがって，このような教育は，やがて，(ハ)の育成のための貴重な下地となるものと思われる。

『教育研究』関数を截る
(1972, vol.28, no.8)

復刻

関数所感

東京教育大学　小西勇雄
（執筆時）

　野村武衛先生が，終戦後間もないころであったと思うが，関数の指導についてのお話の中で，言葉は正確に記憶していないが，次のようなことを述べておられたのが，強く印象に残っている。

「静中に動を察知し動中に静を捉えるのが関数的な見方である。」

　これは関数の考えについての至言で，蛇足を付するまでもないが，次のような主旨であると察する。

　例えば，一本十五円の鉛筆六本の代金がいくらかという問題に当面したとき，その答を出す計算のみに集中しないで，その解き方を支えている数量の関係も念頭に浮かべるのが関数的な見方である。その関係は，鉛筆が一本多いと代金が十五円ずつ増すというように，具体的な場と密接に関連したものであることもあろう。あるいは，単価が定まっていれば，代金は数量に比例するというような関係のこともあろう。

　また，各種の乗り物を見ると，いろいろな時間に，いろいろな距離の所へ運んでくれ，種々雑多な動きをしている。それらを見るとき，比較的安定した動き方を見られるものについて，その距離と時間を比べてみるとそれらの比が動かないことが見出されるであろう。この動かないものに目をつけて数量化したのが，速さの概念であって，これは関数的な見方から生まれたものである。

　これらのことでも推察されるように，関数の考えは，算数科の主要な学習内容と深い繋がりがあり，改訂指導要領[※編注1]では，この関数の考えについて，一つの指導体系を求めようとしたものであると見られよう。改訂時に現れた新聞記事によると，小学校で関数的な学習の取り上げられるのが，初めてであるような印象も受けるが，算数・数学の教育において，「関数」が重要であると言われているのは，今世紀初頭の数学教育改良運動以来のことである。わが国においても，大正・昭和と通しての教科書や指導要領あるいは教授要目の改正の際に，関数教材が逐次取り入れられ，その指導研究も活発に行われてきたのである。ただ，小学校に限って眺めると「関数」という言葉が表面で出ていないとか，四則計算のやや高度の応用問題や比例・反比例の楽手に限定して関数の学習を主張する人もあって，関数的な見方は扱っても高学年に限ってと考える傾きもあった。

　このように，関数指導の研究は半世紀以上の歴史を経ており，多くの研究発表がなされているし，この特集においても，諸先生のご意見や解説が載ることなので，小学校における指導ということに関連して，簡単な所感を述べさせて頂くことにする。

　関数的な考察処理は，数学的な諸知識や技能の綜合的な活用であることはいうまでもない。例えば，比例関係を認め，それを用いて処理しようとすると，小数・分数の乗除計算が必要となる。また，入手した資料から何らかの関数関係を明らかにしようすれば，分類整理の能力とか表やグラフに表現する技能などが必要となる。それが既知の関係に正確にあてはまるものでない場合とか，自ら資料を整えようとするような場合には，さらに各種の知識や技能が必要となる。これらの知識や技能が伴わないと，関数的な考察処理は中途半端なものとなり，算数の学習ではきちんとまとまるものという心情に添わないことになる。このことが，関数の学習は中・高校のものとか，小学校でも高学年のものと考えられる因になったのかと思われる。

※編注1：執筆当時の「小学校学習指導要領（昭和43年改訂）」のこと。

中・高校においても，関数的な考察処理に必要な技能——表を作るとかグラフを書くなど——の学習が中心となり，それで関数の学習が終ったかのように見られる傾きもあった。関数処理に必要な知識技能の学習だけでは，関数の考えが養われると期待できないことは，四則計算の技能が得られると数量的な判断処理の能力や態度が育成されると予期されないのと同じである。もちろん，ある程度の処理技能が伴わないと関数的な見方のよさが分からない。また，関数的な考察と処理技能を併行して学習させることが子供の発達段階から不可能なこともあろう。しかし，これから関数的な学習は高学年で行えばよいと結論するのは早計である。

整数の乗除計算では，累加・等分の考え——これも関係的な見方といえるが——で計算の意味機能が理解されるが，小数分数の乗除も含めて理解させるには，何らかの姿で比例関係に目を向けさせなければならないことは，誰も知っているところである。改定前の学習指導要領※編注2で「割合」が重視されたのも，この点からであると見られる。

このように，計算の学習も関数的な見方が伴ってはじめて理解が深まることになるのは，乗除計算だけではない。加減計算でも，どんな数量がどのような関係にあるかを明確にし，それをもとにしてどんな計算を用いるかを判断し，式などで表す指導が重んじられる，これは関係の見方とらえ方の学習に他ならない。したがって，従来から教師が意識したか否かは別として，関係的あるいは関数的な考えの学習が小学校の低学年から実行されていたのである。ただ，その重要性が十分に自覚されず，指導体系についての研究が活発とは言えなかっただけといえよう。計算の指導において，この学習が有効に行われた場合には，子どもの計算を活用する力が伸びるがその指導が不徹底な場合に，計算は形式的にはできるが応用問題ができないという結果が起こったのではないだろうか。

このように考えると，関数的あるいは関係的な見方の学習は，測定や計算の学習に伴って，小学校の一年生から計画的に指導されることが望まれるのである。ここで関係的とも言い換えたのは，関数というと，和一定とか差一定とか，あるいは正比例反比例などの，変数の一つの場合の関数でもその特別なものだけが想起され，それらの処理に伴う知識や先に目につくからである。これらは小学校での学習内容でも処理でき，しかも利用度の高い関数関係であって，算数科で重視されるのは正当なことである。しかし，算数教育の現代化に伴って，関数関係をこのような狭い範囲に止めず，数のみでなく図形や事象や条件など，考察の対象とするものに広く用いられるようにすることが重要であると言われている。また，物の見方などというものは，永い期間を通して，しかも先入観の固定しない前から漸次学習させる方が望ましいと考えられる。

計算にこだわらず，広く関係的な見方を伸ばすのに，どのような場を取り上げ，どのような点に目を向けさせて学習させるとよいかは，この特集で諸先生から示されると予想するが，実際に子どもに指導される教師の実践的な研究によって開発されるものと期待するのである。

関数的な見方は，既習の知識や技能を綜合的に活用するだけでなく，新しい数学的な概念や法則を生み出していく考え方であることも忘れてはならない。その最も分りよい例は速さの概念であろう。数体系の論理的な考察では加法と乗法が基本的演算とされるが，実際の場と関連して，新しい概念が生まれてくるのは減法や除法の方が多く，これらは関係的な考察に際してよく用いられる計算であることからも推察されよう。しかし，そのためには，何ものかを明らかにしようとする問題解決の意図をもって臨み，こうではなかろうかという予測を立て，その予測を確かめたり，改善したりして，よりよいものを求めていく意欲がなければならない。関数的な見方は，単に論理的な学習で伸ばされるのではないと考える。

※編注2：執筆当時の「小学校学習指導要領（昭和33年改訂）」のこと。

日常事象を関数的にとらえる機能的な力

元東京教育大学付属小学校　橋口　晋
（執筆時）

※編注

新しい算数指導要領で関数の取扱いについて，もっとも着目すべき点は，形式的な式表示や数学的パタン化を急ぐ事なく，関数的な見方考え方の素地を育てることではなかろうか。関数の新概念を指導するに当っては，まず関数的な見方が児童のなかに漸次育成されるようにすることが大切で，この立場にたって教師が指導することによって，意味がより的確に理解されるものである。

1 日常事象の中から関数的な事象をとらえる力

算数の目標には「日常の事象を数理的にとらえ，道筋を立てて考え，統合的，発展的に考察し，処理する能力と態度を育てる」と述べてある。

児童の身近な日常生活に関係のある事がら，即ち自然，社会，文化に関連して広く着目させ，その中から関数的な事象をとらえる力を育てなければならない。

教科書にもられた教材にとらわれすぎるために，関数の問題としての解答は一応できたとしても，扨てそれでは日常事象の中から，関数的な事象をとらえる力があるかというと，関数的な見方，考え方は一向に育たないのである。

具体的な日常事象の中から関数に関係のあるもの，確定事象即ちあるきまりをもった事象に着目して，いろいろな不規則な事象と区別してとらえる力を育てることが必要と思う。

今までとちがって，比例，反比例を含めて広く関数をとりあげ，関数的な見方，考え方を育てることには

賛成である。したがって，商一定の正比例，積一定の反比例のほかに，和一定，差一定などが含まれるが，それでは，どのような日常事象の中に，和，差，積，商一定があるが，日常事象と関連してとらえる力が児童にかけているように思われるのである。

これは一つには，教師の側にも日常事象の中から，それぞれ学年に適当なものに着目せず，いたずらに教科書にあげられた教材の解決にとらわれることにも原因があるように思われる。

まず，日常事象の中から児童に関係のあるもの，例えば和一定でいえば児童に一番関係の深いもの，それは一日は二十四時間は常に一定し，昼と夜の関係が変わることとか，一ダースの鉛筆を兄妹二人でわけるときのわけ方，毎月のおこづかいを使った金額と残りの関係などが考えられる。このように日常事象と直結すると，定数と変数に着目するようになり，そこから関数的な芽が育成されると思うのである。

2 表にまとめたら，きまった数と変わる数をとらえる力

日常事象をまず表にまとめる時，すくなくとも3つの数量をとりあげることが大切で，3つの数量関係が児童に明らかになるからである。

例えば，長方形の面積についての数量関係であれば，たて・横・面積の3つの要素が当然必要であるから，表にまとめる場合は3つの項目であらわすことが必要である。

たて・横・面積の3つの中で，どれがきまった数の定数であるか，まず定数に着目させなければならない。数量関係は，この一つの定数を何にするかで残りの二つの数量がそれぞれ変わることになることを，児童に十分理解させることが大切であると思う。

同じ長方形の面積でも，定数が変わることによって二つの数量の関係がすっかり変わることに着目することが，関数指導の要点ともいえる。

例えば，面積が24㎡できまれば，残りの二つの数量・たて・横の関係は反比例の関係になる。処が，こ

※編注：執筆当時の「小学校学習指導要領（昭和43年改訂）」のこと。

んどはたてが10mと一定の場合，残りの横と面積の関係は反比例の関係になり，横が一定の場合には，残りのたてと面積の関係も反比例になることから，三つの数量関係をたえず関係づけて取り扱うことが必要ではなかろうか。

単に，長方形の面積が一定の場合の積一定の反比例だけ一つをとりあげるのでなく，同じ長方形でも，たて・横がそれぞれ一定の場合には，商一定の反比例になることを関連してとりあげることで，初めて関数的な見方考え方の素地が育成されるものと思うのである。

要するに，表にまとめたら三つの数量について，まずきまった数に着目させ，次に残りの二つの数量の相互関係を見抜く力を育てなければならない。同じ事象をとりあげる場合，定数を何にするかによって，正比例と反比例の関係が生じることを，ぜひ取り上げ理解させてほしい。

3 規則の発見と式表示を急ぐと，関数の芽は育たない

表にまとめることによって，3つの数量関係を考察する場合に，一つの定数がきまれば，残りの二つの数量が変わり，そこに規則を発見させることが関数の大きなねらいである。

今までは正比例について，一方の量 A が n 倍 $\left(\frac{1}{n}\right)$ なるとき，それに応じて B も n 倍 $\left(\frac{1}{n}\right)$ になることと，正比例の場合には原点を通る直線グラフになることで，正比例の理解を求めて指導してきた。これに対し，新しい指導内容では，例えば $y = 4 \times x$ のような関数式にまとめ理解をもとめているが，急ぐとここは相当な抵抗があるように思われる。

$y = 4 \times x$ の式では，4が定数で y と x が変数になっているのであるが，これを日常の事象に関連づける能力のある児童は少ない。

例えば，正方形の周りの長さ（y）は，正方形の一辺（x）の4倍で，正方形の周りの長さは，一辺の長さに比例する関係であるとか，また，単価一枚4円の色紙を買う時，代金（y）は，買った枚数（x）に比例

するなど，$y = 4 \times x$ の式と，日常事象との関係にまでとらえられるようにしたいものである。しかし，ここまで児童の関数的な見方考え方を充分身につけることが大切である。

$x \times y = 24$ の式で，積一定の反比例についても同じく，式表示を急ぐあまり，折角育成されつつある関数的な見方，考え方の芽をつみとることにもなりかねない。式表示のパタン化は，煮つまるまで急いではならない。

4 統合的な指導で，関数的にとらえる機能的な力を育てる

これまで，例えば反比例の指導について，一つ一つについては丹念に指導してきたのであるが，関連して統合的な指導がなされず，そのために発展的に考察し，適応していく働きのある機能的な関数の能力が育たなかったのではなかろうか。

具体的な日常事象の中から，不規則な統計的なものと，可能性の確率的なものと区別して，あるきまりをもつ確定事象をとらえる力をもつことが，関数的見方の第一歩である。

この確定事象の中から更に，和一定，差一定，積一定，商一定に着目し，分類処理できるような機能的な能力をぜひ育てたいものである。積一定の反比例・商一定の正比例を含めて，和一定，差一定の場合の四つを統合的に取扱うことによって，初めて特長をそれぞれとらえることができる。

日常事象でとらえる力，表にまとめて定数と変数に着目する力，変数の規則性の発見と式表示との関係をとらえる力，さらに図表示によりグラフのちがい，これらが統合的に関連して理解されることにより，初めて関係的な見方考え方の機能的能力が発揮されるであろう。

式表示やパタン化の形式化を急ぐと，折角の広い意味の関数的な素地が育たないのみか，算数ぎらいにしてしまう恐れがある。

『教育研究』関数を截る
(1972, vol.28, no.8)

復刻

関数を截る

千葉大学　杉岡司馬
（執筆時）

小学校における関数指導の主なねらいは，関数の知識・技能の習得にあるのではなく，関数的な考え方を伸ばすことにある，といわれる。この見解に立って，関数指導における強調点や留意点のいくつかを述べることとする。

1　依存関係に着目することの重視

関数的な見方・考え方を伸ばすには，まず，いくつかの変量の間の依存関係に着目させることがたいせつである。これは，関数観念の発生を考えてみても，わかることである。関数観念は，十六世紀以降，運動や曲線などの変化する事象をとらえるために，変量間の従属関係を明確にしようとするところから発生した。つまり，一つの変量を，他の変量によってとらえようとするところに，関数観念の発生する一つの変量を，他の変量によってとらえようとするところに，関数観念の発生する一つの重要な契機があったといえる。算数科でも，このような発生時の精神に立ちかえって，数量の依存関係にたえず着目させていくことが必要である。

さて，依存関係に着目させるには，まず，次の二つのことが肝要である。すなわち，ある量をとらえるには，①その量を，他の量と関係づけてみようとすること，②その量は，他のどんな量によってきまるかを考えること，この二つがだいじである。ところで，実際の授業では，量のとらえ方の根本である①，②をぬき

にして，量をとらえ終わったところから出発する傾向が強い。たとえば，速さの導入では，いきなり下のような表を与えて，車A，Bの速さを比較させることが多い。これでは，（速さ）は（道のり）と（時間）でとらえられることを，すでに教えてしまっている。残った問題は，どんな計算で速さをとらえるかだ

	時　間 （時間）	道のり （km）
A	3	40
B	4	60

けである。この表より以前に，速さのとらえ方を学ぶ重要な段階がある筈である。すなわち，感覚的に知っている速さを，①どんな量と関係づけ　②どんな量でとらえたらよいかを考えることである。このような学習体験を重ねることにより，関数的な考え方，ひいては事象の数理的なとらえ方を，子どもは学んでいくことになる。精神を忘れて，結果だけを急いだのでは，暗記の算数になってしまい，つくり出す算数は望めなくなる。

更に，依存関係に関連して，二・三の留意点を述べる。

その一つは，問題の与え方を工夫して，依存関係を考える機会を多くすることである。たとえば，図形の求積問題で，必要な寸法を与えてしまって，「求積せよ」とするよりは，寸法を与えず，「どこをはかれば求積できるか，測って求積せよ」といった提示をすることである。その方が，学習活動に活気と発展が期待できよう。

その二つは，依存関係に着目して，問題解決の見通しや計画を立てる力を伸ばしていくことである。この場合，各段階ごとに数値計算などをしてしまわず，「A，BからCがきまり，更にDがきまり…」とか，「FがわかるにはEが必要だ」などと考えることができる。つまり，数値計算をぬきにして，「…がきまると，一がきまる」といった関係を活用し，問題解決の計画を立てることである。

その三つは，依存関係をやや広く解釈すると，多く

の内容が同じような考えで見られ，都合がよい。たとえば，三角形の決定条件は，形と大きさが何に依存するかを示しているといえる。このような見方は，少なくとも先生の教材研究には役立つ。また，依存関係を考える能力や態度は，新しいことへの発展・創造の原動力になることが多い。機会を見ては，このような価値のあることを，子どもに意識させることも必要であろう。

② 変数や関数の観念を伸ばすこと

関数は，発生的にも性格的にも，「変量の数学」であるといわれる。つまり，いろいろな事象の変化をとらえるための数学として生み出された。そこでは，変数や関数という重要な概念が構成された。この概念は，変化の中に変量を意識したり，変量間の対応や変化のの特徴を考察することから生まれたといえる。小学校の関数指導の重点の一つは，具体的な場面で，変量やその対応の観念を得させたり，対応や変化の特徴へ目を向けさせたりするところにある。

さて，変量または変数という観念を小学生に理解させるには，どうすればよいか。これは，必ずしも明確にはなっていないので研究が必要である。一方，形式面から理解を深めることも必要であろう。たとえば，□，△やx, yなどを用いて，変量を表すことなどである。更に，本来定数であるものを，あえて変化させてみることも，変量を意識するのに有効であろう。

次に，対応の規則や変化の特徴について考えてみよう。関数の核心は，変量間の対応の規則や変化の特徴を明らかにすることにある。小学校では体的な場面で，具体的な数値を用いて，考えさせる。そこでは，変動する数値の間に，不変な規則性を見出そうとする心構えがたいせつである。また，同じ関数でも，規則性のとらえ方は一通りではなくいろいろに考えられるから，学年が進むにつれて，変化を調べる観点を次第に明らかにしていくことも必要であろう。更に，関数的考察の有難味が出てくるような場面を開発していく必要が

ある。たとえば，発見した規則性を有効適切に適用する場面を設定すること，関数的考察が有効で必然性をもつような場面を開発することなどである。必然性のない無理に作ったような場面で，関数教材が扱われることが実に多い。

変数や関数の観念といっても，小学校では具体的事象に即し，その場にふさわしい言葉を用いて，関数的見方を次第に熟させていくことに主眼がある。形式的・一般的な扱いではなく，実質的・具体的な扱いをするのである。関数の基礎概念には，変数・変域・定数・対応などがあり，それらは中学校で正式に学習する。しかし，これらについての観念はすべて，小学校で具体的な形をとって現れてくる，と考えておく必要がある。

なお，関数の指導に当っても，集合の見方を加味することが多くなった。しかし，小学校では，あまり集合的見方へ重点を置かず，変化の考察に重点を置いていくのも，一つの行き方といえる。

③ 関数的見方で内容の理解を深めること

指導内容によっては，それを関数的な見方で見直しておくと，理解の深まる場合も考えられる。例えば，図形の対称性を，広い意味での関数と見るなどである。この場合，対応の決まりに重点を置いてみればよい。また，五年での関数的扱い$a×b＝36$などを通し，加減乗除の計算が，それぞれどんな性質をもつか深く理解するのも，この例であろう。

もっと小さな例として，概数をとることを関数的な見方で見直してみよう。たとえば，百未満を四捨五入することを，下の図のように関数的イメージで見ておいたら，四捨五入の端的な理解に役立ち，発展性のある理解になるであろう。このように，指導内容を関数的な観点で見直すような研究も必要である。

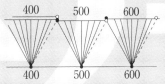

『教育研究』関数を截る
（1972, vol.28, no.8）

復刻

関数指導の問題点

東京教育大学付属小学校　手島勝朗
（執筆時）

　関数は，集合，確率とならんで算数・数学教育の基本概念だといわれる。確かにそうだとは思うが，開き直って，「関数とは何か」「関数の指導はどう展開させなければならないか」と静かに自問するとき，適切な言葉を見い出し得ない。裏を返せば，それだけ広範な適応性も含んでいるといえようが，同じ基本概念でも，関数は，集合，確率と比べてその輪郭がよくつかめないように思われる。

　それは，何に起因しているのか，児童生徒に示される関数の定義と子どもの発想の中から問題点をとらえ関数指導のあり方をもう一度ふり返ってみたいと考える。

関数の定義

　現在使用されている中学・高校のある教科書には，関数の定義を次のように述べている。

　中一，一般に二つの集合A，Bがあって，Aの要素を決めると，それに対応してBの要素が一つ決まるとき，この対応を，集合Aから集合Bへの関数という。

　高一，一般に二つの変数 x, y があって，変数 x の値が決まれば，それに従って y の値が決まるとき y は x の関数という。

　高三，一般に実数を必要とする集合 M があって M に属するどの実数にも，それに対応して一つの実数が決まるとする。このとき対応の規則を f, M に属する任意の実数を x, それに対応する実数を y で表わして，$y=f(x)$ のように書き，これを x の関数 $f(x)$ という。

　このように，指導の段階を追って関数の定義がしなおされなければならないというところに，関数の特長

があり逆に「関数って何だろう」という疑問が生じてこよう。

　ともあれ，これらの定義において共通していえることは，

　　・二つの集合とその対応
　　・変数とその規則正しいしい変化

であり，これに着目することが，関数指導の眼目といえそうである。

二つの集合とその対応

　関数の定義が指導の段階を追って定義しなおされるのは，対象とする二つの集合のとらえ方に基づいている。二つの集合のとらえ方によって対応のし方が異なってくることは，次の子どもの発想からも伺い得ることである。

　円について半径，直径を学習した後黒板に図のような二つの大小の円を示し，次のように問う。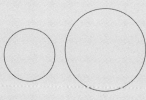

T　小さい円と大きい円の半径はどうなっているでしょう。同じですか。ちがいますか。もしちがうとするとどちらの方が多いですか。

　この問いに対し，二つの意見が生じ，盛んな意見交換がなされる。

　○大きい円の方が半径がたくさんある。

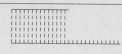

　大きい円のまわりの長さは，小さい円のまわりの長さより長いでしょう。だから図のように，これを 1mm づつに区切ると小さい方よりも大きい方がたくさん点ができるのです。ですから，大きい円の方がたくさん引けるのです。

　○大きい円も小さい円も半径の数は同じ

　図のように小さい円を大きい円の中に入れて半径を引いてごらんなさいよ。すると大きい円の半径は，どの場合も小さい円の方にもはいるでしょう。だから，どちらも同じなのです。

　この二つの意見の対立は，どちらの見方も正しいとして，話し合いを進めても児童自らでもって解決する

ことはできないようである。その結果，大小二つの円の半径は，二つの円の書き方によって異なるという矛盾を生じてきた。しかし，児童の反応は，その矛盾への疑問よりも，同心円の場合とそうでない場合の半径の数の見方・考え方に一段と興味を寄せていた。

この見方，考え方の相違は，大きい円の円周と小さい円の円周の二つの集合を，一方は点集合ととらえ，一方は長さという量を意識して生じたものである。

このことは，"対応"という観点から考えると，小さい円の任意の円周上の点に対し，大きい円の円周上の点が一意的に決まるか決まらないかを指していたともいえよう。

広く関数が対応でもって定義づけられるとき，大きい円の方が半径がたくさんあるという見方に表れている一対多の対応がなぜ関数といえないのか，ということも児童生徒にとっては疑問を起こすところではないかと考えるのである。

変数とその規則正しい変化

もっと現場的発想から，関数指導の問題点をとり上げてみよう。

一般に「関数とは何か」という問いに対し，「決まれば決まる」というように表現されているが，これは伴って変わる二つの量の対応や対応のきまりを含めた表現であって，関数の指導にあたっては，これ以前の見方，考え方が次のような段階を踏まえて重視されなければならないと思う。

①とり上げられてくる二つの量A，Bがそれぞれ変わる量であること。

②変わる量A，Bを順序づけて考えるとそこに一定の変わり方があること。

③変わる量A，Bは，それぞれでたらめに変わっているのではなく互いに依存し合って変わること。

これらの過程を追って初めて「決まれば決まる」という対応のきまりが問題となり，その関係の式表示が話題になってくる筈である。ところが，多くの場合，二つの量の「対応のきまり」を見い出す以前の段階が十分に検討されないままに，関数関係を明らかにするような授業におちいりやすい。小学校における関数の指導では，「決まれば決まる」という以前にもっと広い観点から「変わる」とか「変わり方」といったよう

な見方を強調したいものである。そのためには，どのような素材をもとに学習の場を構成するかが大きな課題である。一般に，関数そのものをねらいとする素材であればあるだけ実際に展開してみると平板になりやすく，関数的な見方のよさが明らかにされにくいようである。そこに，現場的発想に基づく関数指導の問題点がある。

ただし	5	6	7	8	9	10
まさこ	5	4	3	2	1	0

たとえば，二，三年生の児童に「ただしくんとまさこさんは，おはじきを五個持っています。じゃんけんをして勝った人は，相手からおはじきを一個もらいます」といったような遊びの場を想定し，上のような表を示すと，次のようないろいろな意見が飛びだしてくる。

⑦ ただしくんは一個ずつふえている
　　まさこさんは一個ずつ減っている

⑦ ただしくんがふえるたびに，まさこさんは一個ずつ少なくなっている。

⑦ ただしくんとまさこさんのおはじきをたすとぜんぶ十個になる。

⑦ ただしくんからまさこさんのおはじきを引くと二とびの数になる。

⑦ ただしくんとまさこさんの数をななめにたすと9と11になる。

二つの量A，Bの「対応のきまり」を見い出す以前に，A，Bがそれぞれ変わる量であること，順序に着目するとそこに一定の変わり方があること，変わる量A，Bは互いに依存し合って変わることを段階的に明らかにしようとするとき，この「おはじきとり」の素材は必ずしも適切な素材といえないようである。というのは，一つに $x+y=10$ という関数関係が目に見えすいてるし，あと一つにとり上げられている二つの量の変わり方が視点を変えると種々様々にとらえられ，しかもそのとらえ方が並列的で先に述べた①②③の指導の段階が明らかにされにくいからである。

関数関係を明らかにする指導でよく話題となり問題としてとりあげられる「依存関係のとらえさせ方」とか「教材の開発」というのも実は，対応のきまりを見い出させる以前の過程の重視であり，それに伴う素材の選択が現場での大きな問題点である。

関数の考えを育てる教材　1年

数の並びの美しさにこだわる活動で，1年生から大事にしていきたい「関数の考え」を育てる

青森県八戸市立柏崎小学校　阿保祐一

1 「関数の考え」を育てる教材の把握

「関数の考え」は，1年生の段階から積み上げて指導していくことが大切である。そのため，1年生の算数で「関数の考え」を育むことに適した題材をあらかじめ知っておくことはもちろんのこと，日々の授業で「関数の考え」を発動させるような活動を意図的計画的に仕組んでいくことがとても重要となる。

2 「美しく整理する活動」

じゃんけんゲームを通して6の構成を理解する授業。子どもから聞き出した勝ち負けの数を短冊に記録して，ランダムに黒板に貼っていく。この際，短冊の配置をバラバラにすることや美しい並びに見えないように貼ることがポイントである。すると，「先生，並べかえたい」と発言する子どもが表れる。この場面では，「小さい数からエレベーターのように順序よく並べる」整理の仕方と「数が反対同士でまとめる」といった予想していなかった整理の仕方が出された。整理の考えのよさを大いに褒め，きれいに並んだことを共に喜んだ。

3 「規則正しい並びを眺める活動」

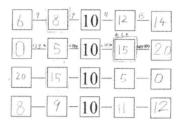

□に入る数を考える学習の発展として，答えが1つに決まらないものを扱った。子ども達は10を基準として，2とびや5とび，数が増えていく場合，数が減っていく場合などを面白がって考えていた。自分では思い付かないことであっても，友だちの考えの続きを予想することは十分に意義のある活動となる。こうした規則正しい並びを頻繁に眺める活動を日常的に大事にしたい。

4 「他のものと関連付ける活動」

たし算カードの仲間あつめの授業で，1つのものを他のものと関連付けて見ようとする「関数の考え」の育成をねらった。まず，たし算カードの「2+9」を黒板に貼る。子どもが「11」と答えたあとに，「3+8」を貼る。すると，「また答えが11だ」と子どもは喜ぶ。ここで，「11」のカードを貼る。最初，子どもは戸惑いを見せるが，しばらくすると，答えが11になる式を言い始める。なかなか「4+7」が出てこないこともあるがそれでもいい。普段から美しい並びを体験し，たくさんのきまりに触れている1年生を信じて授業展開することがとても楽しい。

【参考文献】筑波大学附属小学校算数部（2016）．『板書で見る全単元・全授業のすべて 1年上』，東洋館出版社．

関数の考えを育てる教材 **2**年

かけ算単元で学ぶ「関数の考え」

―― 「変わる値」と「変わらない値」を見抜く目

関西学院初等部 木下幸夫

1 「どこを切り取った数でしょう」

三枚のカード，12 16 20 を提示する。「これは，九九表の中で連続して並ぶ三つの数です」続けて問いかける。「九九表のどこを切り取った数でしょう」動き始める子どもがさっそく表れる。「4の段の一部だと思います」それに対して，「本当だ」という声も聞かれる。「この三つの数は，本当に4の段の一部なのでしょうか」と問う。考えさせた後に，黒板に九九表を提示。クラス全員で，12 16 20 が4の段の一部であることを確認する。

2 「4」が見えた理由を問う

「皆さん，すごい……。12 16 20 には4という数はないのに。なぜ4が見えたのですか」と問う。「それは当たり前です。だって……」と話し始める声を止めて，「皆さんは，この三つの数をながめて，4が見えるのですか」と問う。子どもの，「見えないけれど，見えます！」という言葉が面白い。教師は，「見えないはずの4が，どこに見えるのですか。ノートで調べなさい」と指示をする。

上の図のような矢印をノートにかいた子がいたので，黒板でもかかせる。すると，「なるほど，そういうことか！」「その矢印，と

ても分かりやすい！」という周りの反応。説明はなくても，矢印だけで十分ヒントになる。4の段の変化のきまりが，クラスに浸透していく。別の子に矢印の説明を求めた。「12から16まで4増えています。また，その16から20までも4増えています。」ここで教師が，矢印の上に，「+4」をかきこみながら，「皆さんは，この4が見えていたのですね」と声を書ける。「はい，そうです」「この，12 16 20 という三つの数には，見えない4の秘密があったのですね」とあえて三つの数と限定をしたミスリードを投げかける。「4増えるのは，その三つだけではありません。まだ続きます。」「なぜならば，4の段の答えは，ずっと4ずつ増えるからです」同数累加は既習だ。大事なことをスパイラルに学び直している。

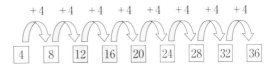

復習を兼ねて，4の段をノートに書かせる。

3 変わる値と変わらない値を見抜く目

乗数を X，積を Y として考える。変数 X の値が決まると，変数 Y の値も決まる。（$4 \times X = Y$）「変わる値」が乗数と積である。また，「変わらない値」は被乗数だ。2年生のかけ算単元を通しても，「関数の考え」を学ぶことができる。

変数の間の関係と
変域を考える

——3年生「□を使った式」——

兵庫県西宮市立鳴尾東小学校　久保田健祐

1 燃えたろうそくの長さは何cm？

> 長さ10cmのろうそくがあります。
> 火をつけてしばらくすると，残りの長さが
> 4cmになりました。

　上の文を提示し，「ろうそくの長さを式で表すことができるかな？」と投げかけた。すると，「燃えた長さが分からないよ」「□を使えば式にできるかも」と声が挙がる。立式させると，□＋4＝10。続けて，「燃えた長さは？」と問うと，10−4＝6と書き，「6cm」と答えた。

　そこで，「□を使った式が使えるのは，残りの長さが4cmの時だけかな？」と投げかける。すると，「4cm以外のときもわかるよ！」と言うので，適用問題として，残りの長さが3cm，2cm，1cmの場合も順に考えさせた。その後，燃えた長さはそれぞれ7cm，8cm，9cmと求めることができた。そこで，「残りの長さが0cmだったら？」と問うと，「そりゃ，10cmでしょ」と答えるので，「0cm以下は？」と聞く。すると，「ろうそくは，10cmしかないでしょ。だからそれ以上は燃えないよ」と言い，皆が首を縦に振った。

　このように，変域（変数の取りうる範囲）を考えさせるときは，燃えたろうそくの長さを経時的に考えさせることがポイントである。

2 ろうそくの図を見ていると…

　立式の際に使った数枚のろうそくの図。これを見ていたある子が，「段々になっているね」とおもむろに呟く。「どこを見て言っているの？」と問い返すと，「ろうそくの残りの長さを見て！　段々短くなっているよ」と言う。「本当だ！」と声が挙がった矢先，「だったら逆に！」と言った他の子が，「燃えた長さは，だんだん長くなっているよ」と言って，両手でその長さの変化を説明した。変数の間の関係に着目した瞬間である。

　さらに，他の子が，「この段々は，全部つながっているね！」と言う。「どういう意味？」と問い返すと，「7，8，9……って増えることと，3，2，1……って減ることがつながっているってこと」と言い直す。そこで，「なんでそうなるの？」と問い返す。すると，「もとの長さが10cmで変わらないからでしょ！」と皆が一斉に声を挙げた。この見方・考え方を価値づけ，授業を終えた。

　このように，変数の間の関係を考えさせるときは，図を並べて提示することがポイントである。こうすることで，定数（10cm）や変数の関係性，さらには変域の考え方がつながり，関数の考えも深まっていくと考える。

関数の考えを育てる教材　**4**年

正方形は全部で
いくつある？

京都教育大学附属桃山小学校　樋口万太郎

1 授業のねらい

正方形の数を分類・整理しながら調べる活動を通して，2つの数量の関係について考えることができ，2つの数量の関係のきまりについて表現することができる。

2 教材について

本教材は単元末の発展教材として扱いたい。

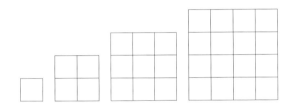

3×3の正方形（左から3つ目の図）の場合だと，

・1×1の正方形が9個

・2×2の正方形が4個

・3×3の正方形が1個

あり，合計で14個あることになる。

正方形の数が何個あるのかを正確に調べるためには難易度もあるため，分類・整理をしていきながら考えていく必要がある。

本教材では縦・横の辺が1cmずつ増えていくことによって，

・1×1の正方形　1

・2×2の正方形　5

・3×3の正方形14

・4×4の正方形30

・5×5の正方形55

4→9→16→25というように増えていくといった変わり方をする。式で表すと，$n(n+1)(2n+1)÷6$となる。前時までの学習では，「○＋△＝10」「○－△＝2」「○×4＝△」などといった式を導き出すことができていたが，本教材では式に表すことはできないだろう。だから，じっくりと教材と対話したり，友達と対話したりする必要性が出てくる。「きまり」を見つけようと考える子もいることだろう。そこで，以下のように板書をしていくことで，きまりに気づきやすくなる。

・1×1の正方形　1

・2×2の正方形　4＋1

・3×3の正方形　9＋4＋1

・4×4の正方形　16＋9＋4＋1

・5×5の正方形　25＋16＋9＋4＋1

3 授業の流れ

①問題に出会う。

> □×□の正方形の中に正方形は全部でいくつありますか。

②□＝2の場合，正方形がいくつあるのかを考え，話し合う。

1×1の正方形では正方形が1個ということをおさえてから，2×2の正方形の場合について考えることで，問題を把握する。

③□＝3，4の場合の正方形がいくつあるのかを考え，話し合う。

④□＝5の場合の正方形がいくつあるのかを考え，話し合う。

いつもそうとは限らない‼
で創る「推し」の良問
—— 割合導入のプロローグ

岩手県盛岡市立緑が丘小学校　沼川卓也

1 「推し」の良問！

①Aさんと Bさんは，昨日同じ周数マラソンを走りました。Aさんは昨日より2倍の周数を走りました。②Bさんは昨日より5周多くの周数を走りました。③もしも昨日2周だったとすると，今日多く走ったのはどちらでしょうか。（ただし周数は整数とします。）

2 いつもそうとは限らない‼ で創る授業

　問題文①を板書後，Aさんの昨日の周数を表すテープ図（下図）を提示し，今日の周数のテープ図を確認した。あえて，2倍を超える図を提示し，昨日のテープ図を基準にして修正する中でAさんの周数の関係を捉えた。

　問題文②を板書後，昨日に比べて今日多く走ったのはどちらかを問うた。先ほどの倍の図のイメージから，Aさんへ挙手する児童も多くいた。その中で「昨日が何周かによって結果が変わる！」等の意見が出された。問題文③を板書後，2周のときは，Aさんは2×2＝4周，Bさんは2＋5＝7周でBさんの方が多いことを確認する。「いや……2周はもしもだから，いつもBさんとは限らない！」「5周が境になって逆転している！」等，既に仮定していた昨日走った周数を変えて，意欲的に

調べる姿が見られた。大いに認め，任意に数値を決めて，AさんとBさんの周数を比べた。

　自力解決後，バラバラに貼ってある短冊の数値を順序よく並べて整理し，規則性を見出そうとする考え方を価値付けた。（下写真）

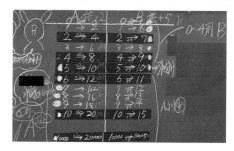

　徐々に，昨日が0～4周のときはBさん，5周の時は引き分け，6周以上のときはAさんという規則性を見抜いていった。

　最後に，AさんとBさん，どちらの練習方法を選択しますか？と問うと，「0周だとしてもしっかり走ることができるからBさん」「全体的に見て，体力が付きそうだからAさん」等，AさんとBさんの周数の関係に目を付けて，選択した根拠を説明し合うことができた。

3 最後のひと「推し」‼

●比較の前提となる差と倍の見方・考え方を捉える割合導入のプロローグとして扱える‼
●実態によっては小数も扱う，Aさん2倍・Bさん5周の数値の変更等のアレンジも可能‼
●Aさんの変わり方（倍一定）を差，Bさんの変わり方（差一定）を倍で捉え直し，テープ図と関連付けて数量関係を比べることも可能‼

【参考】夏坂哲志（2018）．6年「グラフの活用」．第30回全国算数授業研究大会 大会紀要．pp.66-67.

関数の考えを育てる教材

5年

式を見て，逆に表を書きたくなる関数授業

大分県別府市立南小学校　重松優子

1 5年の関数授業とは

　4年時に『変わり方』を学んだ子どもたちが，変化の特徴から比例や式化できることを学ぶ単元である。今回私が提案するのは，表から式化ができるようになった子どもたちが，逆に式を見て関数を想像し，考える授業だ。

2 どちらの店で買う？

　私が考えた問題文は以下のようなものである。

> チョコレートを買います。
> 個数を○，はらう代金を△とします。
> A店で買うと　60×○＝△　（円）で
> B店で買うと，手数料100円がかかるので，40×○＋100＝△　（円）
> になるそうです。どちらで買うと安くなるのでしょう？

　この問題は，A店は正比例，B店はいわゆる一次関数と呼ばれるものだが，1つ1つの式を丁寧に子どもたちと意味を考えていくと表を書く必然性が生まれてくる。

C「Aは60×○ってことは，60ずつ増えるでしょ？　1個60円だよね。Bは，100円が手数料で，40×○だから1個40円だよ」

C「1個が安い方が安いに決まっているよ！じゃあB店の方が安いはずだよ」

C「でも，B店は100円も手数料がかかっているから，高いんじゃない？」

C「えっ，じゃあA店が安いのかな」

C「あれ？　これ，Aが安い時と，Bが安い時がある気がする」

T「それってどういうこと？」

C「確かめてみていい？」

　この問題は，式で説明するのは非常に難しいため，A店とB店の代金の変化を表して，逆転する時が来るのを明らかにしていかねばならない。子どもの中に，迷いが生じた時に，確かめてみようとする方法として自然と表を書きたくなるのだ。

A店

○（個）	1	2	3	4	5	6
△（円）	60	120	180	240	300	360

B店

○（個）	1	2	3	4	5	6
△（円）	140	180	220	260	300	340

C「あっ！　B店は，手数料を後でたすから，4個まではA店のほうが安く買えるけど，5個以上ならB店の方がお得に買える！」

3 最後に

　1つの関数式から，これはどういう意味かを問うことよりも，比べるという方法を入れて問題を少し工夫すると子どもたちも表を作って調べたいと思えるのではないかと考えた。教師が「表を書いて調べよう」と言わずとも，子どもたちが確かめのツールとして使うことができる。また，思いこみからの逆転で関数のおもしろさにも目が向けられる問題である。

比例関係として「みる」

—— A4用紙1枚で考える

広島県呉市立仁方小学校　岩本充弘

1 比例関係として「みる」

第6学年では，比例関係として「みる」とよいという経験が関数の考えを伸ばすと考える。比例関係として「みる」とよい場面とは1つの数量を調べようとするときに直接調べることが難しかったり，非効率的であったりする場面である。例えば，同じ材質で同じ大きさの釘（くぎ）が袋にたくさん入っているときの釘の本数を求める問題などが想像されるが，私はしばしば，A4サイズ1枚の紙を用いて，授業をすることがある。子どもたちが自然と比例関係で見ようとする展開が大切であると考える。

> A4用紙1枚の＿＿＿＿＿＿はいくらでしょう？

上のように板書して子どもたちに示した後，A4用紙を1束（500枚入）から1枚ずつ配った。下線部には，①面積，②まわりの長さ，③厚さ，④重さが入ると子どもたちは予想した。子どもたちに「①②は長さを測ればすぐにできるけど……」「足りない……」と声が上がる。③の厚さを図るだけの目盛が定規にはないのだ。また④は1枚では軽すぎて量れない。「どうすれば厚さと重さがはかれるのかな？」子どもたちに問いが生まれた。

「先生，みんなの紙集めてもいいですか？」

とある子が言う。「集めてどうするつもりなのかな？」と考えを検討していくと，「きっと厚さが測れるまで枚数を増やしていくんだと思う」集めると，20枚で2mmになった。「2÷20」と立式した子の考えを広げていく。「同じ紙が20枚集まったんだから，枚数と厚さは比例していると思った」と式の意味を枚数と厚さの比例関係としてみたことから説明し，1枚の厚さが0.1mmであることを求めた。④の重さはというと，子どもたちに配った用紙の入っていた束を見て，「それだけあれば重さが量れるんじゃないの？」と500枚の紙の束をもって，保健室の体重計へ測量に行った。子どもが息を切らして，「2kgだったよ！」と教室に駆け込む。500枚で2kg。重さと枚数を比例関係と見て表に表し，2000÷500の式から1枚4gであることを導き出した。厚さ，重さの求め方の共通点を問うと，「測れるまで増やす」「都合よく考える」と返ってきた。この「都合よく」には，重さや厚さと枚数を比例関係として「みる」という意味があると考える。後日理科室の電子天秤で測ってみると4g。誤差も良しとしていた私もほっとした。

釘にしても，A4用紙にしても，比例関係を活用して問題解決をする際には，依存関係を考えること，比例関係としていい理由を考えること，可能なら実際に測定して確かめてみることを大切にしたいものである。

【参考資料】

中島健三（2015）.『復刻版算数・数学教育と数学的な考え方—その進展のための考察—』，東洋館出版社.

関数の考えを育てる教材

6年

豆の数は何個？
—— 比例の活用

岩手県盛岡市立仁王小学校　横沢　大

1 比例の関係にある数量を見出す

教科書に，次のような問題がある。

> 比例の利用
>
> 　画用紙300枚を，全部数えないで
> 用意する方法を考えましょう。

　直接調べることが難しい日常生活の場面を取り上げ，比例の性質を活用して解決することをねらった問題である。このような問題解決の際に大切なのは，子ども達の既有経験や素朴な考えを引き出しながら，「比例の関係にある数量は何か」「比例の関係にあるとみて解決する」ことを顕在化することと考える。

2 「豆の数はいくつ？」

　節分の時期に，落花生の袋を配り，「全部数えないで豆の数を求められないか」と問題を設定した。

　子どもから，「はかりを使いたい」と声があがった。「どうしてはかりを使おうと思ったの？」と問い返すと，「（全体の重さ）÷（1個の重さ）＝（個数）で分かる」と話す。

　しかし，1個の重さを量ると，「1個の重さにばらつきがある」「1個の重さが軽すぎて，上皿ばかり（アナログ式）だと正確な重

さが分からない」という声が出た。この考えを取り上げ，より正確に求めるにはどうすればよいかということを話題にしていった。

　「デジタルはかりを使って，1個の重さではなく10個の重さにすれば，より正確な個数に近づくはずだ。」と，子ども達は考えを修正していった。

そこで，右の表のように，変化のきまりと対応のきまりを用いながら解決を進めた。

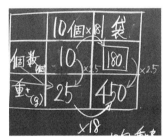

　授業の後半で板書をもとに，「なぜこの考えで求めることができるのですか」と問うと，「個数と重さは比例しているから」と考えが出された。無意識的に個数と重さに比例関係が成り立つとみなして解決しようとしたことを顕在化し，比例の考えを活用することの便利さや面白さを振り返っていく。授業後には，実際に豆の数を全部数えて，計算で求めた数との違いを比較する子どもの姿も見られた。

3 同じようにできるよ

　学習後に，大量のコピー用紙や画鋲，クリップなどを見せて，「全部数えないで求められるかな？」と聞いてみた。「同じようにできそうだ」「売られている物の数も，実際には数えずに比例を利用して求められているのかもしれない」と生活場面に広げて考える子どもの姿も見られた。知識や技能を活用しようとする場を意図的に設けることで，関数の考えが育っていくと考える。

研究発表

「$\frac{1}{3}$」の指導についての考察

盛山隆雄

◼1 2年生の分数の指導と問題の所存

　小学校学習指導要領解説算数編には，$\frac{1}{2}$，$\frac{1}{3}$，$\frac{1}{4}$……といった分母が1桁程度の単位分数を，具体物を操作することによって得られる大きさとして指導することが述べられている。

　しかし，問題になるのは，$\frac{1}{3}$の指導である。$\frac{1}{2}$，$\frac{1}{4}$，$\frac{1}{8}$は，折り紙を半分，半分……と折ることによって簡単につくることができるが，$\frac{1}{3}$はそのような簡単な操作で作ることができない。

　そこで，12個のおはじきを出して，6個を$\frac{1}{2}$，4個を$\frac{1}{3}$，3個を$\frac{1}{4}$と見ることを指導することが例示されている。この活動は，12個のおはじきを2等分，3等分，4等分しているのだから，わり算の学習に見える。背後には，12個を1と見たとき，4個を$\frac{1}{3}$と見るという割合の見方が存在する。$\frac{1}{3}$の指導には，このような側面があるので，解説には「乗法及び除法の味方の素地となるように指導する」と述べられているものと解釈できる。

　$\frac{1}{2}$，$\frac{1}{4}$，$\frac{1}{8}$は，折り紙のような1に見えるものを分割してつくるのに対して，$\frac{1}{3}$だけ「12を1と見たとき4を$\frac{1}{3}$という」という指導では，教材として一貫していないので美しくないし，2年生の発達段階として理解をする上で無理があるのではないかと考える。

◼2 研究の目的と方法

・$\frac{1}{3}$の指導において，1を等分するという見方を原則に下の3つの視点をもって研究授業を実施し，授業協議会を通して理解に有効であったかどうかを考察する。

① 単元の1，2時間目に，折り紙を折ることによって$\frac{1}{2}$，$\frac{1}{4}$，$\frac{1}{8}$を指導する。その上で3時間目に「$\frac{1}{3}$」に焦点化した授業を展開する。授業では，子どもが$\frac{1}{3}$をつくるのではなく，示された図の中から$\frac{1}{3}$を見出す活動を通して$\frac{1}{3}$の意味を明らかにする。

② もとの大きさが異なる$\frac{1}{3}$を見せ，その集合に共通することを見出させるようにして$\frac{1}{3}$の意味を明らかにする。

③ 合同な形に3等分された$\frac{1}{3}$だけでなく，面積は3等分だが合同でない形に3等分された$\frac{1}{3}$についても考察の対象にして，$\frac{1}{3}$の意味を深める。

◼3 研究授業について

（1）指導計画（7時間）

第1次　$\frac{1}{2}$，$\frac{1}{4}$，$\frac{1}{8}$の指導……2時間

第2次　$\frac{1}{3}$，$\frac{1}{5}$の指導…………2時間

　　　　　　　　　　（研究対象の授業$\frac{1}{2}$時）

第3次　倍と分数………………2時間

（2）本時の指導

Ⅰ．題材のしかけとその意図

　「もようくじ引き」に使用した10個の模様
は，下図のようなものを用意した。模様の裏
には，「当たり」か「はずれ」が書いてある。

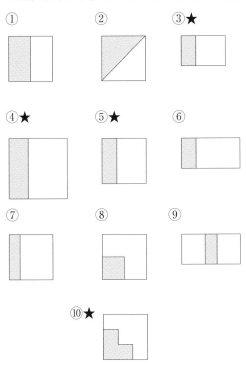

　これらの形は，色が塗られている部分の面
積が，元の形の面積のどれだけかで，次のよ
うに分類される。

①・② ……$\frac{1}{2}$

③・④・⑤・⑩ ……$\frac{1}{3}$ （★当たり）

⑥・⑦・⑧ ……$\frac{1}{4}$

⑨ ……$\frac{1}{5}$

　本題材の特徴を次のように考えている。

ａ．色が塗られている部分の面積が，元の形
　の$\frac{1}{3}$の大きさの模様を当たりとした。

ｂ．当たりの$\frac{1}{3}$でも，元の形や元の形の大き
　さを変えた。

・③は長方形，④と⑤は大きさが異なる正
　方形

Ｃ．当たりの$\frac{1}{3}$に，⑩のような合同な形に等
　分されていない$\frac{1}{3}$を入れた。

　※ただし，⑩は最初から提示せず，①〜⑨
　　の分類が終わった段階で提示し，みんな
　　で吟味する形をとる。

Ⅱ．ねらい

・もとの大きさの$\frac{1}{3}$の大きさを見出し，その
　意味を自分の言葉で説明することができる。

Ⅲ．実際の授業

※2020.2.8岩手大学教育学部附属小学校の2
　年生に飛び込みの形で研究授業を実施した
　ものである。

　「正方形や長方形にいろいろな模様（塗っ
てある部分）が書いてあります。模様の裏に
当たり，はずれが書いてあるので，模様のく
じを引いてみよう」

C1：（④を引く）友だちが当たりと言ったか
　　らこれを引きました。⇒当たり

　この段階で，子ども達が「わかった，わか
った」と言い始めた。そこで，どんな模様が
当たりと思うかを尋ねると，「元の形が正方
形が当たりで，長方形がはずれ」と言った。
模様の形や面積ではなく，元の形に注目して
いる。

　次に指名されたC2が引く前に，今度は多
くの子どもたちが「当たりは2分の1，2分
の1」と言い始めた。「2分の1ってどうい
うこと？」と尋ねると，「模様が同じ大きさ
に2つに分けたうちの1つ分だから2分の1
だと思います」と言った。2分の1について

既習に基づいて説明した。

　ところが，当たりの模様④は$\frac{1}{3}$である。それについて指摘する子どもは現れない。自然に子どもが気づくまで待つことにし，くじ引きを続けることにした。

C2：（⑤を引く）なんとなくこれにしました。

　⇒当たり

T：これは$\frac{1}{2}$でないよね。

　このように指摘したが，このことについての反応はまだ弱いので，もう少しデータを集めることを優先しようと判断。くじ引きを続けた。

C3：（②を引く）$\frac{1}{2}$だから。

　⇒はずれ

　子ども達から「えっ？」という反応が返ってきた。元の形が正方形で模様が$\frac{1}{2}$なのにはずれということを確認した。

　「まだ引いてない中に正方形で$\frac{1}{2}$はある？」と尋ねると，子どもたちは①を指さした。確認すると，①ははずれだった。元の形が正方形で模様が$\frac{1}{2}$のものははずれ，ということに子どもたちは確信をもった。

　次に子ども達が思ったのは「当たりの模様はどんな模様なのかな？」ということだった。

　ある子どもが，当たりの⑤の形を3等分する線を引いて，「当たりの形は3つに分けることができる」と言ったのである。その瞬間「あー，そうか」と言った声を出す子どもが多数いた。さらに，その子どもは，④の正方形にも線を引いて3等分した。

（模様は，工作用紙で作ってあるので，1辺

の長さがわかる。⑤は5cmずつ，④は6cmずつ3等分した。）

　線を引くときには，子どもと一緒に長さを確認して，3等分するように引いた。これを見て，

他のある子どもが次のように言った。

「3つに分けることができる模様が当たりだったら，あと残っている模様はみんなはずれだ」

　この言葉を聞いていた子どもたちは，

「あと1個あるよ！」

と言って手を挙げはじめた。そこで，時間をかけて考えるみることになった。

　しばらく考えると，当たりがあると言う子どもがほとんどになった。選んでもらうと，③の模様を指さす子どもが多かった。理由を聞くと，やはり右図のように線を入れて「3つに分かれるから」であった。しかし，このとき，次のように言う子どもが現れた。

「⑤と④の模様は元の形が正方形，この③は元の形が長方形。だから，はずれかもしれない」

　それに対して，

「正方形も長方形も4つ直角があるし，親戚だから当たりだと思う」

という意見も出た。

C4：（③を引く）

　⇒当たり

　当たりとわかった瞬間，「おー！」という歓声があがった。「ほらー」という子どももいる。

ここで次のように尋ねた。

「ということは，どういうことが言えますか？」

　③を引いた子どもは次のように答えた。

「元の形が正方形の模様が当たりというわけではなくて，長方形でも同じ形に３つになったら当たりです」このような言葉で子どもは当たりを表現した。

　この後もくじ引きを続けることによって，⑥，⑦，⑧は，模様の部分が全体の$\frac{1}{4}$で，はずれであることがわかった（１つ１つ丁寧に４等分する線を入れて考察した）。

　⑨の模様もはずれであった。最初は，見た目で「$\frac{1}{4}$」という子どもがほとんであったが，等分する線を引いてみると，５つに分かれた。そのとき自然に子どもから「$\frac{1}{5}$（５分の１）だ」という言葉が現れた。

　$\frac{1}{5}$の分数に出合うのは初めてであったが，このような授業展開の中では，模様の部分が「５等分されたうちの１つ分」ということで，自然に$\frac{1}{5}$を教える形になった。

　全ての模様が引かれ，当たりとはずれに分類されてから，最後に子どもたちに次のように問うた。

「どういう模様が当たりだったのかな？」

　すると，次のような答えが返ってきた。

「$\frac{1}{3}$のものが当たりだと思う。」

「元の形が正方形や長方形で模様の部分が$\frac{1}{3}$の模様が当たりです。」

　ここで授業は終了した。残念だったが，⑩の形を出す時間をとることができなかった。

（３）授業協議会における授業分析

・当たりの模様がどういったものかを考えるときに，元の形（正方形か長方形か）に着目する子どもが多かった。既習の$\frac{1}{2}$，$\frac{1}{4}$，$\frac{1}{8}$は，正方形の折り紙を折って，合同な形に等分することで学んでいるので，元の形に目がいきやすかったのかもしれない。

・元の形の大きさを問題にする子どもはいなかった（捨象していた）。

・工作用紙を用いることで，辺の長さがわかり，簡単に形を３等分，４等分，５等分することができていた。

・最終的には，下図の元の形や大きさが異なる模様を，同じ「$\frac{1}{3}$」と認めることができた。

　$\frac{1}{2}$，$\frac{1}{4}$，$\frac{1}{8}$と同じように，１を等分して作られている$\frac{1}{3}$や$\frac{1}{5}$を見て，自然に子ども達から$\frac{1}{3}$，$\frac{1}{5}$という見方が現れた。

・子どもたちは，当たりの模様を元の形が「正方形か長方形の…」とまとめた。元の形に円なども入れて，元の形は関係なく「元の大きさの$\frac{1}{3}$の面積の模様」という視点を引き出すようにするべきだった。

・時間がなく，右図の⑩の模様を扱うことができなかった。

　右図が「当たり」と分かった時，子どもはどんな理由を考えるだろうか。合同な形への等分ではなく，面積の等分という視点に切り替えることができるか。今後，授業を通して明らかにする必要がある。

ⓔ 編集後記
editor's note

◆黒板に，いくつかの数字を並べただけで，「面白いことを見つけた」と言って手を挙げる子がいる。こちらが何も意図していない時には，なかなか授業が本題に入らずに困ることもあるのだが，子どものその感覚に感心させられる。

きまりを見つけることを面白いと感じる心は，もともと子どもの中にある。そんな子どもの発見を，一緒に楽しみたい。

そして，「また同じところがあるよ」「きっと次はこうなるんじゃないかなあ」のように，数や形の変わり方に興味をもち，その先を自分から見ようとする子を増やしていきたいものだ。

◆今回の特集論文の中で，小倉金之助が著した『数学教育の根本問題』が何度か紹介されている。我が家の本棚にもこの本があったことを思い出し，久しぶりに開いてみた。

坪田先生との思い出の本でもある。早稲田にある教育関係の古書を扱うヤマノヰ本店で，坪田先生に勧められた1冊だ。

初版本は大正13年に発行されているようだが，私が持っている本は昭和2年に発行された15版。「定価2円」とある。

100年ほど前の書物なのだが，数学的な見方・考え方やデータの活用を重要視しようとする現代の動きと通じる部分があると感じる。

◆『教育研究』の復刻掲載にあたり，ご執筆者およびご遺族からご快諾をいただけたことをうれしく思う（中には連絡先が不明となり，ご連絡のとれないまま掲載したものもあります。お心当たりのある方は，ご一報頂けると幸いです）。

◆本号を編集している最中，新型コロナウイルスの感染が拡大していった。日を追う毎に状況は悪化し，2月末に予定していたスプリングフェスティバルも中止することになってしまった。開催日直前の中止決定および連絡となり，参加を予定されていらした方々にはご迷惑をかけてしまった。この場を借りてお詫びするとともに，一日も早い終息を願う次第である。

（夏坂哲志）

ⓝ 次号予告
next issue

特集
これが算数授業における子どもの「問い」だ！

子どもたちの中に切実な「問い」が生まれ，子どもたちがその「問い」を解決しようと自ら問題に働きかけていく算数授業を創っていきたい。この思いは，算数の授業をよりよくしていきたいと考えている者にとって，当たり前のことなのかもしれない。

子どもの「問い」とはどんなものなのか。どうやって子どもたちの「問い」を引き出すのか。次号では，「問い」にスポットをあてて，算数授業における子どもの「問い」について，特集を組んでいく。

ⓢ 定期購読

subscription

▶年間定期購読は7,600円です。[年間8号分]

隔月号 各900円（6冊）＋特別号 各1,100円（2冊）

▶申込方法

| WEB から | ・東洋館出版社 HP からお申し込みください。 |

・複数年のお申し込みで購読料が割引に！

2年間：13,680円 （10％割引）

3年間：19,380円 （15％割引）

| 書店から | ・お近くの書店でお申し込み頂けます。 |

算数授業研究 127号
2020年3月30日発行

企画・編集／筑波大学附属小学校算数研究部
発　行　者／錦織圭之介
発　行　所／株式会社 東洋館出版社
〒113-0021　東京都文京区本駒込5丁目16番7号
電話　03-3823-9206（営業部）
　　　03-3823-9207（編集部）
振替　00180-7-96823
URL　http://www.toyokan.co.jp

印刷・製本／藤原印刷株式会社
ISBN 978-4-491-03982-4　Printed in Japan